AQA French
ANSWERS & TRANSCRIPTS

**A LEVEL
YEAR 1
AND AS**

OXFORD
UNIVERSITY PRESS

OXFORD
UNIVERSITY PRESS

Great Clarendon Street, Oxford, OX2 6DP, United Kingdom

Oxford University Press is a department of the University of Oxford.
It furthers the University's objective of excellence in research, scholarship,
and education by publishing worldwide. Oxford is a registered trade mark
of Oxford University Press in the UK and in
certain other countries

British Library Cataloguing in Publication Data
Data available

978-0-19-844598-2

9 10

Paper used in the production of this book is a natural, recyclable product
made from wood grown in sustainable forests.
The manufacturing process conforms to the environmental regulations of
the country of origin.

Printed in Great Britain by Ashford Colour Press Ltd., Gosport

Cover photograph: Peter Widmann/Robert Harding

Contents

Theme 1: Aspects of French-speaking society: current trends

1 La famille en voie de changement

Pour commencer (pp8–9)

1 Answers will vary.

2 Devinez la bonne réponse.

1 b 2 c 3 c 4 a 5 b 6 a 7 b 8 c

3 Vrai ou faux?

1 V 2 F (69%) 3 V 4 F 5 V 6 V

1.1 A: La vie de couple: nouvelles tendances (pp10–11)

1a Regardez cette liste de mots. Lesquels associez-vous à la vie de couple?

cohabitation, concubinage, conjoints, fiancés, mariage

1b Answers will vary.

2a Lisez l'article et remplissez les blancs avec *plus* ou *moins*.

1	moins	4	plus
2	plus	5	moins
3	moins	6	moins

2b Traduisez en anglais les deux premiers paragraphes de l'article (*En France, il était difficile… à …découvrez ce qui a changé!*).

Suggested answer

In France in the 1950s it was hard to live as a couple without being married. Cohabitation before marriage and living together have become widespread since that time, yet without causing marriage to die out.

A survey published by INED (the National Institute for Demographic Studies) and carried out among 7,825 women and men in the 26 to 65 age range reveals how life as a couple has changed from 1950 to today. Marriage, cohabitation, sexual partners… find out what has changed!

3 Écoutez la discussion avec une experte dans le domaine des relations personnelles. Reliez le début et la fin des phrases.

1 e 2 i 3 f 4 g 5 b 6 h 7 a 8 j 9 d 10 c

Transcript

— La vie de couple ne marche pas toujours comme on le souhaiterait, même quand on pense avoir trouvé la perle rare. Alors comment être heureux dans son couple?

— Tout d'abord il faut comprendre qu'une relation de couple concerne deux personnes, donc deux individus différents qui pensent et éprouvent différemment l'un de l'autre. Soyez réaliste: si vous êtes malheureux quand vous êtes seul, avoir un partenaire ne peut pas vous apporter tout le bonheur que vous cherchez.

— On parle souvent de l'importance de la communication…

— Oui, la communication est la base de toute relation. Mais que veut dire communiquer? C'est parler avec l'autre en toute honnêteté de nos ressentis par rapport aux comportements de l'autre dans le couple, c'est aussi écouter les ressentis de l'autre sans l'interrompre. En plus, si votre partenaire n'exprime que très peu ses sentiments, sachez reconnaître ses gestes.

— Et s'il y a quelque chose dans son comportement qui vous dérange?

— Il vaut mieux lui en parler plutôt que de nourrir une rancune. Demandez des explications, sachez pardonner si votre partenaire est sincère et regrette une parole qui aurait pu vous déplaire. Mais acceptez que personne ne peut être parfait ou agir de manière impeccable tous les jours.

— Qu'est-ce qu'on devrait faire pour éviter les crises de couple?

— Les crises font partie intégrante de la vie d'un couple. Il faut pouvoir les surmonter. Je vous propose quelques astuces. Surtout vous devez trouver des solutions ensemble. Concentrez-vous sur les possibilités d'amélioration. Prenez soin de ne pas froisser votre partenaire dès le début de la conversation. La meilleure manière de rester longtemps avec quelqu'un qu'on aime est de chercher à le comprendre, non à le changer.

— Merci.

4 Remplissez les blancs avec la bonne forme du verbe à l'imparfait.

1 était
2 devait
3 étaient
4 s'occupait
5 consacrait
6 appartenaient

5 Answers will vary.

6 Answers will vary.

7 Answers will vary.

1.1 B: La vie de couple: nouvelles tendances (pp12–13)

1 Lisez le texte. Les faits suivants sont-ils mentionnés? Répondez *oui* ou *non*.

1 oui 2 non 3 oui 4 oui 5 oui 6 non 7 oui 8 non
9 non 10 oui

2 Complétez les phrases selon le sens du texte.

> **Suggested answers**
>
> 1 …la légalisation du mariage entre personnes de même sexe.
> 2 …13 pays.
> 3 …juste après l'adoption de la loi Taubira.
> 4 …17 500 mariages entre personnes de même sexe ont été célébrés en France.
> 5 …la proportion moyenne des mariages de personnes de même sexe sur la durée.

3a Écoutez l'entretien avec Françoise Gaspard, sociologue féministe et femme politique française, sur l'homosexualité chez les politiques. Elle parle de Bertrand Delanoë qui a été maire de Paris de 1995 à 2001. Vous entendrez les expressions suivantes. Traduisez-les en anglais.

> **Suggested answers**
>
> 1 a way of making homosexuality seem more normal / commonplace
> 2 everyone is free to…
> 3 why didn't you say it
> 4 without denying what I was
> 5 what was even more surprising
> 6 people poke fun / make a joke out of it
> 7 you must get married
> 8 I pointed out to him

3b Answers will vary.

3c Choisissez les cinq phrases qui sont vraies.

The true phrases are: 1, 4, 5, 7, 8

> **Transcript**
>
> — Que pensez-vous du « coming out » télévisé de Bertrand Delanoë?
>
> — C'est bien que des parlementaires homosexuels disent qu'ils le sont. C'est une façon de banaliser l'homosexualité. Pour autant, tous ne sont pas obligés de le dire à la télévision. Libre à chacun d'en faire état, publiquement ou pas.
>
> — Vous n'avez plus de mandat politique, mais si vous étiez aujourd'hui candidate à une élection, en feriez-vous état?
>
> — Absolument. Chaque fois que je pourrais contribuer à banaliser l'homosexualité, je le ferais.
>
> — Pourquoi ne pas l'avoir dit au moment de votre candidature à la mairie de Dreux, en 1977?
>
> — J'ai fait campagne sur des convictions sans rien nier de ce que j'étais: je me déplaçais à moto, avec un blouson de cuir et ça surprenait. Ce qui a encore plus surpris, c'est que j'ai été élue.
>
> — Comment justifiez-vous que certains élus homosexuels évitent toute discussion au sujet de l'homosexualité?
>
> — Par la peur! Ils pensent qu'avoir l'étiquette « gay » nuira à leur carrière. À mon avis, les électeurs sont beaucoup plus libéraux et tolérants que ça.
>
> — Le milieu politique sait très bien qui est homosexuel et qui ne l'est pas. Quelle est son attitude à cet égard?
>
> — De temps en temps, on en rigole, on s'en moque. Mais au fond, il y a une acceptation. Quand j'étais députée, l'un de mes assistants, gay, m'a révélé le nombre de députés qui avait la même sexualité que lui. J'étais étonnée! D'autant que beaucoup d'entre eux étaient mariés. J'ai découvert ainsi que le mariage est un passeport pour se présenter devant les électeurs.
>
> — On vous avait déjà alertée sur votre situation de femme non mariée…
>
> — Oui, en 1980, un collègue m'a invitée à un dîner en tête à tête pour m'annoncer: « François Mitterrand va gagner les élections, il faut que vous vous mariiez avant les présidentielles si vous voulez avoir une carrière ministérielle… »
>
> — Votre réaction?
>
> — Je lui ai fait remarquer qu'il faudrait que la loi change pour que je puisse me marier!

4 Traduisez en français.

> **Suggested answers**
>
> 1 En 1950, il fallait se marier si on voulait avoir des enfants.
>
> 2 Le divorce est devenu beaucoup plus fréquent depuis les années 50.
>
> 3 Au lieu de se marier, de plus en plus de couples se pacsent.
>
> 4 Le pacs offre la plupart des avantages du mariage mais il y a encore des différences.
>
> 5 Le mariage finira-t-il par disparaître? Il est difficile de savoir ce qui se passera.

5 Answers will vary.

6 Answers will vary.

7 Answers will vary.

1.2 A: Monoparentalité, homoparentalité, familles recomposées (pp14–15)

1 Answers will vary.

2a Lisez le texte et les phrases 1–8. Remplissez les blancs avec un mot choisi dans la case.

1 minorité
2 moitié
3 élevé
4 mort
5 plupart
6 choisissent

2b Traduisez en anglais les deux premiers paragraphes de l'article.

> **Suggested answer**
>
> One out of five French families today is a single-parent family. In all, no less than three million children under the age of 25 are brought up either by their father or by their mother. Although single-parent families are not a new phenomenon, they are becoming much more common and their nature is changing.
>
> Recently, INSEE reported that single-parent families are 2.5 times more numerous than they were 40 years ago. In 85% of instances / cases, it's the mother who is head of the family. Half of those mothers don't work full time. Because they are at greater risk of poverty and social instability, single-parent families ought to be given maximum attention by politicians.

3 Écoutez ce témoignage de Camila, dont le père est homosexuel. Répondez aux questions en français.

1 quand Camila était en maternelle
2 quand Camila avait six ans
3 Elle savait / disait qu'un homosexuel était « un monsieur qui aime un autre monsieur ».
4 du fait que leur père et Marc étaient amoureux
5 Il ne fallait pas trop parler de l'homosexualité de son père.
6 Elle a beaucoup pleuré.
7 On avait présenté une image stéréotypée de la famille nucléaire.
8 Le modèle de la famille nucléaire s'est affaibli. (Les parents ont divorcé, certains se sont remariés et des demi-frères et sœurs sont nés.)
9 quand les gens posaient des questions sur son père et son compagnon
10 Elle dit qu'elle a eu de la chance de grandir dans une famille aimante.

> **Transcript**
>
> — Le père de Camila est homosexuel. Quand il a divorcé de sa mère, Camila a grandi chez lui et son compagnon, Marc. Elle nous raconte ses expériences.
>
> — Mes parents se sont rencontrés à la cité universitaire. Ils se sont aimés, se sont mariés, ont eu deux enfants. Mais ça n'a pas duré. J'étais encore en maternelle quand ils ont divorcé.
>
> — Camila avait à peine six ans quand son père a décidé de parler à ses deux filles de son homosexualité.
>
> — Nous étions dans la cuisine. Il a dû nous poser une question comme: « Vous comprenez le terme homosexuel? » et ma sœur a répondu: « C'est un monsieur qui aime un autre monsieur ». Quand mon papa nous a expliqué qu'on n'allait pas tarder à déménager avec Marc et qu'ils étaient amoureux, ma sœur et moi en avons été drôlement fières.
>
> — Bientôt, la fierté a cédé la place à la déception.
>
> — On a voulu annoncer la nouvelle à nos copains-copines, mais mon père a stoppé net notre élan. Il nous a alors parlé de « secret ». Que tout le monde n'acceptait pas cet amour-là. Qu'il valait mieux être très copain avec une personne pour lui raconter l'affaire. Ma sœur était super déçue. Elle a beaucoup pleuré parce qu'elle ne comprenait pas pourquoi « des gens sont contre deux personnes qui s'aiment ».
>
> — À l'école, ce n'était pas facile au début.

— Dans notre école privée catholique, on avait présenté une image stéréotypée de la famille nucléaire: papa-maman mariés, avec deux enfants au moins. Mais au fil du temps, ce modèle s'est affaibli, les parents ont divorcé massivement, certains se sont remariés et des demi-frères et sœurs sont nés.

— Et en vacances, ce n'était pas évident non plus.

— Les gens qu'on ne connaissait pas posaient parfois des questions embarrassantes: « C'est le frère de ton père? » « Ton parrain? » « Son meilleur ami? »… En fait, le plus gênant, c'est que rien d'autre ne leur venait à l'esprit. On ne savait jamais comment réagir.

— Aujourd'hui, malgré tout cela, Camila se sent bien dans sa peau.

— Je me considère comme une jeune étudiante dynamique et équilibrée. Je pense que j'ai eu de la chance de grandir dans une famille aimante. Les homosexuels ne font pas de meilleurs parents que les hétérosexuels mais ils ne sont pas moins bons non plus.

4 Remplissez les blancs avec la bonne forme du verbe au passé composé.

1 se sont séparés
2 ont choisi
3 avons pu
4 nous sommes habitués
5 a été
6 a permis
7 est partie
8 sommes restés

5 Answers will vary.

1.2 B: Monoparentalité, homoparentalité, familles recomposées (pp16–17)

1 Reliez le début et la fin des phrases.

1 a 2 d 3 e 4 b 5 c

2a Lisez le texte. Identifiez dans le texte des synonymes pour les expressions suivantes.

1 en hausse
2 éclate
3 naissent
4 véritables
5 au début
6 pareil
7 terme
8 reconnaît

2b Vrai (V), faux (F) ou information non-donnée (ND)?

1 V 2 ND 3 V 4 V 5 F 6 F 7 F 8 ND 9 V 10 F

3a Écoutez Louis, Manon, Hugo, Chloé et Inès qui parlent de leur vie de couple. Qui…

1 Hugo
2 Manon
3 Louis
4 Hugo
5 Inès
6 Chloé
7 Manon

3b Answers will vary.

Transcript

Louis

— Nous sommes une famille recomposée. J'ai trois enfants à moi et ma nouvelle compagne a « récupéré » son fils il y a cinq ans. Ce gamin est devenu un intrus pour moi. Ce qui me gêne surtout, c'est que sa chère maman accepte tout de lui alors qu'elle n'en accepterait pas le quart de mes enfants.

Manon

— Je suis en couple avec Jules depuis deux ans. Je n'ai pas d'enfant, mais Jules a un petit garçon de quatre ans. L'enfant est présent un weekend sur deux durant l'année scolaire, et une semaine sur deux pendant les vacances. Le problème, c'est que j'ai du mal à supporter les caprices du petit. Je pense avoir besoin d'aide car, chaque fois que je vois cet enfant, c'est mon couple que je remets en question.

Hugo

— Ma femme a deux enfants d'un précédent mariage qui vivent avec nous. Ils ont dix et douze ans. Nous avons aussi notre propre petite fille qui va bientôt fêter ses quatre ans. La vie est compliquée: il faut prendre en compte l'aménagement des horaires, la répartition du temps entre les enfants … mais je pense que finalement maintenant tout le monde s'y retrouve!

Chloé

— Je vis avec mon compagnon qui a deux enfants âgés de trois et cinq ans. Ils sont mignons et je n'ai aucun mal à les accepter. On s'entend de mieux en mieux. Mon problème est que je commence à avoir envie d'un enfant à moi. J'ai peur que ça déséquilibre notre petite famille.

Inès

— J'ai emménagé chez mon mari Michel il y a trois ans. Au moment de mon arrivée son fils Léo entrait dans l'adolescence. Au départ, j'ai essayé d'imposer mes principes d'éducation mais ça n'a pas été un succès. Aujourd'hui, je préfère laisser gérer mon mari. Je peux donner mon avis mais je n'impose pas mes idées.

4 Traduisez en français.

> **Suggested answers**
>
> 1 Le nombre d'enfants qui vivent dans une famille recomposée a énormément augmenté.
> 2 La relation entre les enfants de différents parents peut être difficile.
> 3 Tout le monde doit apprendre de nouvelles règles pour éviter les conflits.
> 4 Il est important de montrer du respect pour le passé de chaque personne.
> 5 Certains enfants ne souffrent pas du tout et apprécient leur nouvelle famille tout de suite.

5 Answers will vary.

6 Answers will vary.

7 Answers will vary.

1.3 A: Grands-parents, parents et enfants: soucis et problèmes (pp18–19)

1 Lisez le texte et remplissez les blancs avec un mot dans la case. Attention, il y a quatre mots de trop.

Si des histoires familiales les unissent, les jeunes Français ne **vivent** plus le même quotidien que leurs parents à leur âge. Les **nouvelles** technologies et le contexte économique sont des facteurs importants. La génération **actuelle** est davantage confrontée au **chômage**, à la précarité et à de bas salaires.

« Comparé aux générations **précédentes**, comme celle de mes parents, je pense que la vie était plus **simple** en leur temps, estime Carine, lycéenne de dix-sept ans. Aujourd'hui, je me pose beaucoup de questions: est-ce que je vais être capable de fonder une famille, d'**élever** des enfants et d'avoir une maison? »

2a Lisez le texte. Lesquels des conseils suivants les grands-parents devraient-ils suivre, selon l'article?

1, 2, 5, 7, 10

2b Traduisez en anglais le troisième paragraphe de l'article (*La présence... à ...présence symbolique*).

> **Suggested answer**
>
> The presence of grandparents allows the child to feel rooted. They are the link to the past and to the family's history. They are the ones who own the family photos, sometimes the family home as well, full of memories. They provide some stability and pass down values and family traditions. If the family is compared to the image of a tree, the grandparents are the roots and the parents are the main branches that the child will always be able to depend upon in order to grow, from early childhood and throughout his or her life. In this sense they are a symbolic presence.

3a Écoutez le reportage sur les « enfants boomerang », ces adultes qui retournent chez leurs parents. Choisissez les cinq phrases qui sont vraies.

The true phrases are: 2, 5, 6, 8, 9

3b Écoutez encore et décidez: c'est qui – Catherine ou Agnès?

1 Catherine
2 Agnès
3 Catherine
4 Catherine
5 Agnès

> **Transcript**
>
> — On les appelle «enfants boomerang»: en France et dans d'autres pays européens, de plus en plus d'adultes retournent vivre chez papa-maman. Catherine en est un exemple: à l'âge de 47 ans, cette infirmière vient de retrouver le cocon familial après une séparation.
>
> — Dans mon cas, c'est un divorce coûteux qui m'a forcée à quitter ma belle maison de banlieue parisienne. Au lieu de ça, depuis deux mois, j'occupe une chambre de quelques mètres carrés dans l'appartement de ma mère de 72 ans. Au bureau, personne ne le sait. J'ai honte de me trouver dans cette situation à mon âge. Normalement on habite chez soi et on va voir ses parents occasionnellement. On ne s'attend pas à passer toutes les soirées en tête à tête avec sa mère.
>
> — Le cas de Catherine n'est plus exceptionnel. Alors que dans le passé ce phénomène se limitait plus ou moins au milieu rural – le grand fils ou la fille qui restait auprès des parents pour aider à la ferme – aujourd'hui il y a de plus en plus de citadins qui rejoignent le foyer familial à la quarantaine et plus. Pour le sociologue Serge Guérin, les raisons sont multiples.
>
> — La tendance à se rapprocher de la famille en cas de problème est non seulement due à la crise économique mais également à la diminution de l'écart culturel entre les différentes générations. Par ailleurs, l'âge où l'on a besoin d'un soutien matériel ou psychologique s'est prolongé.

— À ces facteurs s'ajoutent l'augmentation des prix de l'immobilier et la précarité des emplois. Selon une enquête récente on estime que 4,4% des garçons de 40 ans cohabiteraient avec leurs parents. Côté filles, elles seraient 2,4% à partager le nid familial à cet âge-là. On compte même de plus en plus de quinquagénaires, comme Agnès. Pour elle, la vie n'est pas facile.

— Depuis que je suis revenue chez ma mère, à l'âge de 53 ans, je trouve ses questions sur mon emploi du temps difficiles à supporter, ainsi que son insistance à ce que je mette un manteau quand il fait froid… À 82 ans ma mère me traite toujours comme une enfant. Mais elle m'héberge et je lui en suis très reconnaissante.

— Quant aux parents, l'expérience a ses bons et mauvais côtés. Il y en a certains qui n'apprécient pas les dépenses supplémentaires et qui préféreraient profiter d'une vie sans contraintes familiales. D'autres se sont habitués à la présence de leur enfant adulte et se sentent rassurés, surtout s'ils ne jouissent plus d'une bonne santé.

4 Answers will vary.

5 Answers will vary.

1.3 B: Grands-parents, parents et enfants: soucis et problèmes (pp20–21)

1 Answers will vary.

2 Lisez cet extrait du roman *Germinal* d'Émile Zola. Complétez les phrases selon le sens du texte.

> **Suggested answers**
>
> 1 …le coucou sonner.
> 2 …cinq autres enfants.
> 3 …dans le couloir du palier.
> 4 …si elle allumait.
> 5 …ses vêtements.
> 6 …n'avait pas d'argent.
> 7 …un buffet de sapin, une table et des chaises.
> 8 …du pain et du fromage blanc.

3 Traduisez en anglais.

> **Suggested answers**
>
> 1 Catherine got up.
> 2 She lit the lights downstairs.

3 She put on her miner's clothes.
4 'La Maheude' (the wife / mother in the Maheu family) woke up.
5 She went down to the kitchen.
6 Catherine and Zacharie ate some bread.

4 Écoutez Nader, Achref et Raja, trois jeunes Tunisiens qui parlent de conflits avec les parents. Qui…

1	Achref	**6**	Raja
2	Achref	**7**	Nader
3	Raja	**8**	Raja
4	Achref	**9**	Raja
5	Nader	**10**	Nader

Transcript

Nader, 21 ans

— Je n'ai pas réussi à avoir mon baccalauréat et je n'ai franchement plus la force de continuer. Continuer à m'accrocher, c'est inutile. Mes parents ne comprennent pas cela. Ils pensent que je vais rater tout mon avenir si je laisse tomber les études. Pourtant plusieurs exemples confirment que les études ne garantissent pas un avenir professionnel sûr, surtout si l'on a toujours eu des résultats très moyens. Mes parents ne veulent que mon bien, j'en suis certain. Sauf qu'ils doivent arrêter d'idéaliser les choses et de penser que leur fils est capable d'être parmi les meilleurs. Je veux suivre une formation qui me permettra d'avoir un job dans les plus brefs délais et mes parents rêvent toujours que je devienne architecte ou ingénieur! Notre désaccord les inquiète à présent et j'en suis désolé. J'espère qu'ils finiront par comprendre.

Achref, 15 ans

— La première raison de mes disputes avec mes parents tourne autour de l'argent. Mes parents m'ont promis quarante dinars par mois depuis que je suis entré au collège. Or, ils ne m'en donnent même pas la moitié. Je dois également me priver de télé et d'ordinateur pour que la facture d'électricité n'explose pas. En plus, ils ne veulent pas que je sorte! Je me demande ce que je dois faire pour les satisfaire. Dois-je rester les bras croisés? Ils me dictent aussi ce que je dois faire tous les jours. Je comprends que mes parents soient soucieux à propos de mon avenir, ma santé et ma réputation. Je comprends aussi qu'ils rêvent que je sois un fils modèle mais je suis un être humain et je ne suis pas parfait. Pour apprendre, je dois bien commettre quelques fautes et tirer des leçons de mes propres bêtises.

Raja, 15 ans

— Si je devais résumer mes conflits avec mes parents en un seul mot, je dirai que la mésentente tourne autour de leurs critiques. Tout ce que je fais leur déplaît. Le seul secteur qui ne pose pas de problème, ce sont les études, parce que je suis une élève studieuse et que j'ai toujours eu de bons résultats. En revanche, si je reste devant la télé, j'ai droit à un sermon; si je reste devant mon PC, j'ai également droit à des remontrances et je dois toujours écouter leurs discours moralisants sur la nécessité de choisir mes amis. Ils en profitent également pour évaluer le comportement de mes amis. Heureusement que j'ai toujours le droit de protester et de discuter. Mais il faut dire qu'ils ont toujours le dernier mot et je n'arrive jamais à les convaincre! Ils me grondent aussi quotidiennement à cause de mon désordre. Ils ne comprennent pas que je m'y retrouve. Mais je dois dire que ma relation avec mes parents n'est pas vraiment difficile. Il y a des hauts et des bas, mais ce n'est jamais grave.

5 Traduisez en français.

> **Suggested answers**
>
> 1   Mes parents comprennent pourquoi je veux laisser tomber mes études et trouver un emploi.
>
> 2   Quand j'étais plus jeune ma mère était soucieuse quant à mon avenir.
>
> 3   Mon père ne veut pas que je sorte et il ne me donne pas d'argent.
>
> 4   Ce n'est que le comportement de mes amis qui provoque quelquefois des conflits.
>
> 5   Quand j'aurai des enfants je ne les gronderai pas à cause du désordre.

6 Answers will vary.

7 Answers will vary.

Résumé: Démontrez ce que vous avez appris! (p22)

1 Reliez les expressions 1–10 aux explications a–j.

1 b 2 e 3 a 4 c 5 j 6 h 7 f 8 d 9 i 10 g

2 Reliez les chiffres 1–8 aux explications a–h.

1 d 2 f 3 b 4 h 5 g 6 a 7 c 8 e

3 Reliez le début et la fin des phrases.

1 f 2 g 3 b 4 c 5 a 6 d 7 h 8 e

4 Remplissez les blancs avec la bonne forme du verbe donné entre parenthèses.

1   étaient
2   vivait
3   ont été
4   choisissent
5   a connu
6   deviennent

5 Answers will vary.

Résumé: Testez-vous! (pp23–25)

1 Lisez le texte. Choisissez les cinq phrases qui sont vraies.

The true phrases are: 2, 3, 7, 8, 9

2 Answers will vary.

3 Écoutez le reportage sur le rôle des beaux-parents dans une famille recomposée. Répondez aux questions en français. Il n'est pas toujours nécessaire de faire des phrases complètes.

> **Suggested answers**
>
> 1   On ne choisit pas sa famille, mais on choisit (encore) moins sa famille recomposée. / On a moins de choix.
>
> 2   Il faut le présenter comme « l'ami(e) de maman ou de papa ».
>
>   L'enfant ne va pas l'accepter immédiatement (en tant que beau-parent). / L'enfant a besoin de temps (pour l'accepter en tant que beau-parent).
>
> 3   L'enfant peut compter sur le beau-parent.
>
>   L'enfant doit respecter le beau-parent.
>
> 4   C'est le père ou la mère.
>
> 5   Par son prénom.
>
> 6   Cette pratique peut brouiller les limites entre l'enfant et l'adulte.
>
> 7   Le parent devrait soutenir le beau-parent.
>
>   Par exemple, en disant à l'enfant que le beau-parent a raison de demander à l'enfant de faire ses devoirs avant de sortir le soir.
>
> 8   On devrait dire à l'enfant que l'on comprend que la situation est difficile…
>
>   …et laisser l'enfant exprimer ses sentiments.

> **Transcript**
>
> —   On ne choisit pas sa famille, dit-on, mais on choisit peut-être encore moins sa famille recomposée. La vie de ces nouvelles tribus n'est pas toujours rose. Quels sont les principaux enjeux?

— Quand il s'agit de présenter la nouvelle personne aux enfants, la première rencontre est importante. Il faut le présenter comme « l'ami(e) de maman ou de papa », pas comme « ta nouvelle belle-mère ou ton nouveau beau-père ». Car l'enfant ne va pas l'accepter immédiatement en tant que beau-parent. L'enfant a besoin de temps pour accepter de créer un lien avec un adulte, surtout lorsqu'il s'agit du conjoint de son parent.

— Quelle est la place du beau-parent dans la nouvelle famille?

— L'enfant a besoin de comprendre que son beau-parent n'est pas un copain ou un égal, mais un adulte, sur lequel il peut compter et qu'il doit respecter. Pour autant, le beau-parent ne remplace pas le père ou la mère, qui continue à tenir la responsabilité en matière de vie familiale.

— Comment le beau-parent doit-il se faire appeler?

— L'appellation « papa » ou « maman » n'est pas souhaitable, surtout si le vrai papa ou la vraie maman participe à l'éducation de l'enfant. Se faire appeler par son prénom est la pratique la plus courante. Pourtant, cette pratique peut brouiller les limites entre l'enfant et l'adulte. Il faut que le beau-parent exerce son autorité pour affirmer sa place d'adulte.

— Comment faut-il gérer les conflits?

— L'enfant n'est pas toujours prêt à admettre l'autorité de son beau-parent. D'où la nécessité que le parent soutienne ce dernier. Par exemple, s'il s'agit d'un nouveau beau-père, la mère pourrait dire: « Oui, tu dois faire tes devoirs avant de sortir le soir, Paul a raison ». Pourtant, si l'enfant adopte une attitude de refus systématique à l'égard du beau-parent, chercher à acheter la sympathie de l'enfant ne fera qu'aggraver les choses. Il vaut mieux dire à l'enfant que l'on comprend que la situation est difficile et on doit laisser l'enfant exprimer ses sentiments.

4 Answers will vary.

5a Lisez le texte « Les contacts entre générations sont rares ». Identifiez dans le texte des synonymes pour les expressions suivantes.

1 cohabitent
2 s'étend (sur)
3 (le) quotidien
4 les aînés
5 indiquent / manifestent
6 ponctuelle
7 met en lumière
8 préoccupante
9 craignent

5b Reliez le début et la fin des phrases.

1 f 2 a 3 b 4 e 5 c 6 d

5c Répondez aux questions en français. Il n'est pas toujours nécessaire de faire des phrases complètes.

Suggested answers

1 à cause du vieillissement de la population
2 L'espérance de vie était de 47 ans (seulement).
3 Ils se sentent discriminés. On leur refuse des emplois en raison de leur âge.
4 5% des dépenses sociales vont en faveur des jeunes (contre 45% en faveur des aînés).
5 Ils s'y intéressent davantage mais s'engagent de façon différente que les aînés.

5d Traduisez en anglais les deux derniers paragraphes (Le rapport met en lumière … à …l'ordre public du pays.).

Suggested answer

The report highlights that, outside the family, contact between the generations is 'worryingly rare'. Three quarters of 15–44-year-olds have never worked with people over 70, either in employment or in voluntary activities.

This gap between the generations could be one reason for the fears that older people express in relation to young people. About 45% of elderly Swiss people fear that young people pose a threat to public order in the country / in Switzerland.

6 Lisez le texte « Les générations et l'environnement ». Traduisez les phrases en français.

Suggested answers

1 Les aînés accomplissent plus de gestes écologistes que les jeunes.
2 La génération plus âgée pense que les problèmes économiques sont les plus importants.
3 Dans leur consommation, les seniors se comportent souvent d'une façon écophile.
4 Les jeunes sont moins enclins à renoncer aux appareils énergivores.

7 Answers will vary.

2 La « cyber-société »

Pour commencer (pp28–29)

1 Devinez la bonne réponse.

1 a 2 b 3 a 4 c 5 a 6 c 7 b 8 a

2 Reliez les mots aux définitions appropriées.

1 c 2 b 3 d 4 a 5 f 6 e

3 Answers will vary.

2.1 A: Comment la technologie facilite la vie quotidienne (pp30–31)

1 Answers will vary.

2 Lisez le texte et complétez les phrases selon le sens du texte.

> **Suggested answer**
>
> 1 …trouvent Internet indispensable.
> 2 …pensent qu'Internet est incontrôlable.
> 3 …qu'Internet est un levier de croissance pour l'économie française (et permet de créer des emplois).
> 4 …qu'Apple incarne le mieux le développement de la Toile.
> 5 …est le moteur de recherche de Google.
> 6 …trouvent le poids de Google inquiétant.
> 7 …de Français utilisaient Facebook.
> 8 …Facebook et Twitter.

3a Internet nous a-t-il simplifié la vie? Écoutez les opinions. Qui pense…

1	Nicolas	6	Cassandra
2	Julien	7	Cassandra
3	Mohamed	8	Océane
4	Audrey	9	Julien
5	Océane		

3b Answers will vary.

> **Transcript**
>
> Océane
>
> — C'est comique, moi qui ai plus de 40 ans, je me rends compte combien Internet facilite la vie, parce que j'ai pas mal vécu avant son arrivée. Tout est devenu plus facile et moins coûteux, voire gratuit – téléphonie, information, culture… Ceux qui sont nés depuis l'apparition d'Internet ne sont pas à plaindre.
>
> Mohamed
>
> — Les médias veulent nous faire croire que l'information nous offre une sorte d'avantage compétitif, et beaucoup se font avoir. Nous devenons anxieux quand nous sommes coupés de l'afflux d'information. En réalité, la consommation de nouvelles est un handicap: plus elle est faible, plus gros est votre avantage.
>
> Audrey
>
> — Non seulement je ne connais aucun cas concret de personnes qui se sont réellement enfermées dans un monde virtuel, mais en plus, il me semble plus probable qu'Internet pousse les gens à échanger avec un nombre plus important de personnes.
>
> Nicolas
>
> — Au niveau de l'emploi, comme toute technologie majeure, Internet provoque des changements, et donc des postes qui disparaissent, mais également un nombre considérable de nouveaux postes. Plusieurs de mes proches se sont fait embaucher grâce à Internet.
>
> Cassandra
>
> — Internet ne donne que l'illusion d'une vie meilleure. La réalité est qu'Internet coupe les liaisons sociales que nous avions quand nous étions jeunes, ce qui peut provoquer un renfermement sur soi-même. Certains individus peuvent même se créer une fausse vie virtuelle.
>
> Julien
>
> — Le problème n'est pas Internet mais l'apprentissage à son utilisation, comme celle de l'informatique en général. La majorité des enseignants est toujours illettrée en ces matières et ne sait pas les enseigner. Bref, comme la lecture, l'écriture et le calcul, il est aujourd'hui impérativement nécessaire de maîtriser ces outils.

4 Remplissez les blancs avec *à, de* ou rien.

1 – 2 à 3 de 4 de 5 – 6 à 7 d' 8 à 9 – 10 de

5 Answers will vary.

2.1 B: Comment la technologie facilite la vie quotidienne (pp32–33)

1 Answers will vary.

2a Trouvez dans le texte des synonymes pour les expressions suivantes.

1 nul ne doute que
2 nous sommes devenus accros
3 une mutation de notre façon de penser
4 nous sommes prêts à tout
5 à portée de nos mains
6 quoi qu'il en soit

2b Complétez les phrases selon le sens du texte.

> **Suggested answers**
>
> 1 …que l'univers du numérique occupe une place importante dans notre société et dans nos vies.
>
> 2 …la personne qui a fait demi-tour en se rendant compte qu'elle avait oublié son téléphone chez elle et le lycéen qui s'est fait prendre en train d'utiliser son téléphone en classe.
>
> 3 …nos comportements et notre façon de penser.
>
> 4 …nous pouvons recevoir une information en continu / nous sommes toujours connectés.
>
> 5 …cent millions d'IPhone 12 ont été vendus.
>
> 6 …veulent posséder tous les nouveaux gadgets le plus vite possible.
>
> 7 …nous devrions consommer le monde à portée de nos mains avec plus de modération, et si cette évolution nous est nuisible.
>
> 8 …si cette addiction aux nouvelles technologies aura continué.

3a Écoutez cinq personnes qui parlent du rôle de la technologie dans la vie. Trouvez les expressions qui veulent dire…

1 ce qui nous entoure
2 que serait devenu
3 aurions-nous découvert
4 sans fond
5 fermer les yeux sur
6 perdre de vue
7 il n'est écrit nulle part
8 pas l'inverse

3b Écoutez encore. Reliez le début et la fin des phrases.

1 c 2 d 3 j 4 b 5 e 6 i 7 a 8 h 9 f 10 g

Transcript

Fabienne

— Aujourd'hui, nous sommes hyper connectés. Entourés de smartphones, de tablettes numériques, d'imprimantes 3D, nous avons un nouveau regard sur ce qui nous entoure. Vu que les nouvelles technologies sont basées sur le partage et la communication, elles sont un tremplin pour notre savoir. Sans ces avancées technologiques, que serait devenu le petit Kaiba atteint d'une maladie respiratoire grave qui a survécu grâce à l'imprimante 3D? Aurions-nous découvert que des rivières avaient coulé sur Mars sans le robot Curiosity?

Joseph

— Les nouvelles technologies sont-elles néfastes? Pas tout à fait. Le monde a toujours évolué, bien avant d'entendre parler de « nouvelles technologies ». La technologie remonte à plusieurs millénaires. En termes médicaux, l'avancée des techniques ne semble déplaire à personne! Voir la mortalité diminuer, les vaccins diffusés à grande échelle, reconnaître que les technologies y ont joué un rôle, relève du simple bon sens.

Vincent

— Qu'en est-il de la communication? C'est là qu'en réalité le bât blesse. Nous sommes collés à nos téléphones portables (« T'es où chéri? »), les tweets inondent le monde d'informations sans fond … On prétend que tout est de la faute des nouvelles technologies! Mais en réalité personne ne nous force à adopter ce comportement.

Sofia

— Les nouvelles technologies sont des outils. Ce ne sont donc pas elles qui ont gâché notre vie. C'est l'usage que nous en faisons. La roue, nouvelle technologie d'une époque, a permis de merveilleuses choses. Pourtant, elle aussi, aujourd'hui, façonne notre mode de vie. Mais ce n'est pas de son fait, c'est bien notre utilisation de cette technologie qui en est responsable. On veut toujours rejeter la faute sur les technologies, parce que ça nous permet de fermer les yeux sur nos responsabilités.

Estelle

— Les nouvelles technologies ont permis pas mal de bonnes choses: on est joignable partout en cas de problème, on peut garder des liens avec des connaissances éloignées, et ainsi de suite. D'un autre côté, vendre un smartphone en ne donnant qu'un mode d'emploi technique n'est plus assez. Une « éducation » aux nouvelles technologies commence à devenir nécessaire pour éviter de perdre de vue les priorités de la vie. Par exemple il n'est écrit nulle part dans le mode d'emploi qu'il faut répondre dès que le téléphone sonne. L'homme doit rester maître de ce qu'il tient dans ses mains et pas l'inverse.

4 Answers will vary.

5 À l'écrit. Traduisez en français.

> **Suggested answers**
>
> 1   Dans notre société, nous dépendons de plus en plus de la technologie numérique.
>
> 2   Il y a cinquante ans, peu de gens utilisaient un ordinateur et les téléphones portables n'existaient pas.
>
> 3   Sans aucun doute, Internet a changé notre façon de penser.
>
> 4   Est-ce une bonne chose d'être connecté et de recevoir une information en continu?
>
> 5   Les gens continueront-ils à / d'acheter les derniers gadgets électroniques?

6 Answers will vary.

2.2 A: Quels dangers la cyber-société pose-t-elle? (pp34–35)

1 Answers will vary.

2a Lisez le texte. Trouvez dans le texte des synonymes pour les expressions suivantes.

1   cible   5   a porté sur

2   brimade   6   subi

3   s'accroît   7   s'apparente à

4   pèsent   8   enseignants

2b Traduisez le dernier paragraphe du texte en anglais.

> **Suggested answer**
>
> More than a third of the pupils affected by online violence don't mention it to anyone, especially boys. Those who do talk about it go to their friends (33%) or parents (29%) rather than to teachers (16%). Finally, 8% of pupils have lodged a complaint with their parents. Nevertheless, the phenomenon does not prevent 93% of pupils from feeling good / being happy in their school.

2c Relisez le texte « Un collégien sur cinq… ». Pour chaque phrase, écrivez vrai (V), faux (F) ou information non-donnée (ND).

1 V   2 ND   3 F   4 F   5 ND   6 F   7 V   8 V   9 V   10 F

3 Écoutez l'interview avec Catherine Blaya, qui parle de la cyber-violence à l'école. Répondez aux questions en français.

1   un auditoire

2   pour gagner des « like » / pour faire valoir leur popularité

3   Ils ont été victimes eux-mêmes.

4   qu'un collégien sur cinq est concerné par la cyber-violence

5   Les réseaux sociaux sont plus utilisés.

6   la médiation et le dialogue

7   C'est un exemple de ce qu'on peut faire pour rendre les jeunes actifs.

Transcript

—   Catherine Blaya, vous êtes professeure en sciences de l'éducation et présidente de l'Observatoire international de la violence à l'école. Pourquoi est-ce que les auteurs de ces violences privilégient le Web?

—   Les auteurs ont besoin d'un auditoire pour leur violence. Ils veulent acquérir un statut social au sein d'un groupe. Ils cherchent donc des témoins pour gagner des « like », afin de faire valoir leur popularité. C'est pourquoi il faut pousser les jeunes témoins à intervenir. La cyber-violence ne doit pas être banalisée.

—   Comment devrait-on réagir face aux agresseurs?

—   Il ne faut pas oublier que les agresseurs sont aussi des victimes dans la plupart des cas. C'est pourquoi il est important d'expliquer aux victimes que répondre à la violence par la violence, c'est prendre le risque de devenir soi-même agresseur. Ces derniers sont souvent des jeunes en quête de popularité qui n'ont pas confiance en eux.

—   Au quotidien, comment empêcher ces violences?

—   Il faut encourager les témoins à dénoncer ces violences. L'enquête du ministère de l'éducation nationale indique qu'un collégien sur cinq est concerné par la cyber-violence. Mais selon mes propres études, c'est plutôt 42% des jeunes qui sont atteints au moins une fois dans l'année. La majorité de la population collégienne est concernée par le phénomène, en tant qu'auteur, témoin ou victime.

—   On a constaté une augmentation de la cyber-violence. À quoi est-elle due?

—   À un plus large usage des réseaux sociaux. C'est pourquoi il faut sensibiliser les jeunes à en faire un usage positif, parce que contre l'usage lui-même, on ne peut rien faire. Je ne suis pas pour une criminalisation. Ce qui compte plus, c'est la médiation et le dialogue.

—   Mais surtout il faut former les jeunes…

—   Oui, si on veut que les jeunes changent leurs pratiques, il faut les rendre actifs. Mettre en place des jeux de rôles, les faire réagir, les pousser à devenir eux-mêmes formateurs. Sensibiliser par de l'information c'est bien, mais cela ne change pas les pratiques. Le plus problématique, c'est qu'on croit toujours que ça n'arrive qu'aux autres.

4 Remplissez les blancs avec le bon pronom.

1	les	**6**	leur
2	lui	**7**	l'
3	moi	**8**	l'
4	nous	**9**	en
5	le	**10**	y

5 Answers will vary.

6 Answers will vary.

7 Answers will vary.

2.2 B: Quels dangers la cyber-société pose-t-elle? (pp36–37)

1 À l'oral. Quels comportements sont bons quand on utilise Internet? Lesquels sont mauvais? Pourquoi?

créer des mots de passe complexes, changer régulièrement les mots de passe, télécharger un logiciel de sécurité, installer des outils de protection, scanner les fichiers joints aux messages avant de les ouvrir

2 Lisez le texte « Faut-il craindre un cyber-terrorisme? » Complétez les phrases selon le sens du texte. Essayez d'utiliser vos propres mots.

> **Suggested answers**
>
> 1 …il y a eu une vague de piratage de sites français.
>
> 2 …est possible / pourrait avoir lieu.
>
> 3 …une importante cyber-attaque.
>
> 4 …ont été bloqués / visés.
>
> 5 …causer une explosion dans une centrale nucléaire / faire exploser une centrale nucléaire.
>
> 6 …de beaucoup de personnes / de beaucoup de moyens humains.
>
> 7 …multiplié ses recrutements / (un effectif de) 450 personnes.
>
> 8 …un milliard d'euros à la cyber-défense.
>
> 9 …elle se prémunit au maximum.
>
> 10 …présentent le plus gros risque.

3a Écoutez le reportage sur un piratage d'ampleur à TV5 Monde. Choisissez les cinq phrases qui correspondent au contenu de la première partie du reportage.

1, 4, 5, 9, 10

3b Écoutez encore la deuxième partie du reportage. Écrivez-en un résumé.

> **Suggested answers**
>
> Students might include the following information in response to each bullet point:
>
> • Les pirates ont pénétré profondément dans les réseaux informatiques d'une chaîne de télévision.
>
> • L'Anssi a triplé le nombre d'agents déployés dans les locaux.
>
> • L'action prioritaire d'Anssi est d'assurer le retour à la normale.
>
> • CyberCaliphate est à l'origine de cette attaque. Les liens entre CyberCaliphate et l'organisation État islamique sont incertains.

Transcript

Première partie

— Comme beaucoup d'attaques informatiques, celle qui a visé la chaîne internationale TV5 Monde dans la nuit du mercredi 8 au jeudi 9 avril ressemblait d'abord à une panne technique. Peu avant 21 heures, les deux serveurs qui diffusent le flux vidéo à l'antenne, ont subitement arrêté de fonctionner. Mais lorsque, quelques minutes plus tard, *les serveurs de messagerie ne fonctionnaient plus, on a compris qu'il s'agissait d'une attaque.* Les émissions ont été interrompues, le site Internet de TV5 a été mis hors ligne, la destruction était impressionnante.

— Le lendemain, quand les journalistes sont arrivés dans les locaux, ils étaient désemparés. La direction avait organisé une assemblée générale pour essayer de rassurer les troupes. Les conditions de travail étaient acrobatiques: les boîtes mail professionnelles sont restées longtemps inaccessibles. La chaîne a dû organiser les émissions en utilisant uniquement les téléphones portables. Ce n'est qu'en fin de journée qu'un semblant de normalité est revenu sur les antennes: la chaîne a pu diffuser normalement son journal télévisé de 18 heures, le premier depuis le début de l'attaque.

Deuxième partie

— Être capable de prendre le contrôle des comptes sur les réseaux sociaux est une chose, pénétrer profondément dans les réseaux informatiques d'une chaîne de télévision, qui sont censés être isolés d'Internet et de ses menaces, en est une autre. L'Agence nationale de sécurité des systèmes d'information a triplé le nombre d'agents déployés dans les locaux: aux quatre ingénieurs présents en début de matinée se sont ajoutés neuf autres à la mi-journée. Ils vont encore rester plusieurs jours pour tenter de comprendre ce qui s'est passé. La priorité est désormais au retour à la normale, qui va prendre *plusieurs semaines.*

— C'est un groupe de hackers extrémistes du nom de CyberCaliphate qui est à l'origine de cette attaque. Mais les liens éventuels entre CyberCaliphate et l'organisation État islamique restent pour le moment incertains. Les messages publiés par CyberCaliphate en arabe comportent de nombreuses fautes qui semblent indiquer que leurs auteurs ne sont pas arabophones.

4 Answers will vary.

5 Answers will vary.

6 Traduisez en français.

> **Suggested answers**
>
> 1 Il est essentiel de protéger les données personnelles sur Internet.
> 2 Les gens ferment leur voiture à clé mais ne pensent pas toujours à la sécurité en ligne.
> 3 L'enjeu est d'identifier les risques; on ne peut jamais les éliminer.
> 4 Des hackers ont choisi la chaîne (de télévision) TV5 Monde et l'ont attaquée.
> 5 Pour eux, c'était un succès. Les émissions ont été interrompues pendant trois heures.

2.3 A: Qui sont les cybernautes? (pp38–39)

1 Answers will vary.

2a Lisez l'article « Un jeu… ». Trouvez dans le texte les expressions qui veulent dire…

1 entretiens
2 parvenir à
3 mentir
4 l'issue
5 maîtrise de soi
6 dédramatiser
7 essais
8 se lâchent

2b Traduisez en anglais le dernier paragraphe (*La dureté… directement*).

> **Suggested answer**
>
> 'The harshness of the conversations in the game made me realise the need to be less aggressive towards my parents,' reveals Julie, 17. 'At any time, the player can go back and choose a less violent response if (s)he thinks (s)he went too far,' explains Xavier Pommereau. For Julie, Clash Back was a eureka moment. 'From now on, I want to play the game with my parents in order to give them certain messages that I cannot manage to tell them directly.'

3a Écoutez sept Français qui parlent des réseaux sociaux. Qui dit…

1 Maëlys
2 Adam
3 Gabriel
4 Louise
5 Adam
6 Maëlys
7 Sarah
8 Juliette
9 Timéo
10 Gabriel

3b Answers will vary.

> **Transcript**
>
> Louise
>
> — Depuis deux mois je suis sur Instagram. Je me suis créé un compte uniquement pour les livres, sinon je ne vois pas l'intérêt. Je parle de ma passion des livres avec plus de 900 personnes. J'avoue que je suis très accro à ce réseau social. En plus, je fais partie de la communauté Booktube où les youtubeuses et les youtubeurs parlent de ce qu'ils ont lu. C'est chouette!
>
> Gabriel
>
> — Je me méfie des réseaux sociaux, contrairement à la plupart des élèves de ma classe qui sont constamment sur Facebook ou Instagram. Même si ça m'intéressait, je doute que mes parents soient d'accord. Pourtant, je me sers de WhatsApp quand je pars à l'étranger, car ça me permet d'échanger des messages sans payer pour des SMS.
>
> Sarah
>
> — Moi personnellement, j'avais Instagram et Snapchat avant, mais ça me stressait tellement d'être dessus. Je me réveillais le matin en pensant « J'ai combien d'abonnés? Combien de *like*? » Enfin, j'ai décidé de laisser tomber. Ça m'a fait du bien de retrouver ma vraie vie, mes vraies amies.
>
> Timéo
>
> — Moi j'ai Snapchat, Instagram et WhatsApp. Je m'en sers pour communiquer avec mes amis. Je mets quelques photos pour eux et ils m'en renvoient aussi. Je n'étale pas ma vie dessus et je préfère ne pas avoir trop d'abonnés. Les réseaux sociaux, c'est un bon concept pourvu que tout le monde les utilise de façon responsable.
>
> Maëlys
>
> — Depuis que je suis sur YouTube je n'arrête pas de faire des vidéos. C'est tellement bien de créer des vidéos pour tout le monde. Si tu veux me suivre ma chaîne s'appelle « Studio Maëlys ». Si tu es satisfait de mes vidéos tu peux aussi t'abonner! Par contre je n'ai pas Facebook parce que mes parents ne le veulent pas. Ils ont peur des dangers d'Internet et je suis sûr qu'ils ont raison.

Adam

— Normalement, les réseaux sociaux sont réservés aux personnes ayant plus de douze ans. Mais beaucoup de gens ne respectent pas cela, car il est facile de changer son âge. En tout cas, je crois qu'il est inutile d'interdire l'accès aux réseaux sociaux aux plus jeunes. Il vaut mieux leur expliquer comment on utilise son compte.

Juliette

— Mes parents ont toujours été contre les réseaux sociaux pour me protéger. Au collège j'ai été souvent mise de côté car je ne suivais pas les conversations entre les personnes de ma classe. J'ai beaucoup souffert de ça. Si j'étais branchée sur YouTube ce serait bien de pouvoir partager mes passions comme les films et l'art plastique avec d'autres jeunes.

4 Remplissez les blancs avec la bonne forme du verbe au présent.

1 intéressent
2 sers
3 choisis
4 crois
5 permet
6 part

5 Answers will vary.

2.3 B: Qui sont les cybernautes? (pp40–41)

1 Answers will vary.

2 Lisez l'entretien de Laurent Bloch. Lisez les phrases 1–10. Remplissez les blancs avec un mot choisi dans la case à droite. Attention! Il y a cinq mots de trop.

1 vrai
2 fournir
3 appartiennent
4 nécessaires
5 comparer
6 dépend
7 possèdent
8 faible
9 s'inquiéter
10 souligne

3a Écoutez l'interview avec le codeur Max Prudhomme. Expliquez en français le sens de ces expressions.

Suggested answers

1 choses qui l'intéressent vivement
2 (quand j'étais) petit (enfant)
3 débile, stupide, idiot
4 il a été nécessaire
5 on a oublié
6 on est vraiment heureux
7 commencer
8 connaissance, compétence
9 enseigner ses connaissances aux autres
10 indépendamment

3b Réécoutez et répondez aux questions en français.

Suggested answers

1 Il fait ses études à Epitech, une école supérieure d'informatique.
2 Il a atteint un haut niveau dans un jeu (Dofus) et il avait besoin de construire un site personnel.
3 le problème de mettre une horloge sur son site si celle qu'on vous propose ne vous plaît pas
4 de la persévérance
5 une compétence en maths; Max a eu 6 sur 20 au bac
6 Il les a aidés à monter leurs sites, ou plutôt à comprendre comment ils pouvaient eux-mêmes monter leurs sites.
7 Il enseigne le codage à des enfants (avec le logiciel Scratch).
8 C'est une plateforme interactive qu'ils peuvent utiliser de manière autonome.
9 Il sera développeur, ou il aura un emploi dans la cyber-sécurité.
10 Le mot « chômage » ne fait pas partie de son horizon.

Transcript

— Max Prudhomme a deux passions: coder et… faire coder. À 21 ans, cet étudiant aujourd'hui en seconde année à Epitech, une école supérieure d'informatique, a déjà un passé numérique. Pour lui, tout commence avec le jeu vidéo.

— Gamin, j'ai passé beaucoup de temps à jouer, je le concède. Mais rapidement, j'ai atteint un haut niveau dans un jeu qui s'appelle Dofus. Là, pour exister, j'avais besoin de construire un site personnel. Ça a été mon initiation à la programmation.

— Au début, ce n'était pas facile.

— On entre progressivement dans le monde du code parce qu'on veut résoudre les problèmes qu'on rencontre. Parfois c'est tout bête… On veut mettre une horloge sur son site, celle qu'on vous propose ne vous plaît pas, eh bien, il faut chercher comment en installer une autre et demander à l'ordinateur de le faire. C'est long, mais c'est gratifiant, parce qu'on crée ce qu'on veut.

— Pour réussir, il a fallu que Max y consacre tout son temps libre.

— En codage, il faut de la persévérance. Parfois on passe des heures à écrire un programme et rien ne fonctionne parce que quelque part on a omis un petit caractère… Il faut des centaines de tests pour réussir, ne jamais lâcher, mais quand ça marche, quel bonheur!

— Par contre, un bon niveau en mathématiques n'est pas obligatoire.

— Pas besoin d'être bon en maths pour se lancer, juste logique. J'aime bien répéter que j'ai eu 6 sur 20 en mathématiques au bac.

— Déjà bien avancé dans sa maîtrise des langages informatiques, par exemple HTML, Max aime partager son savoir.

— J'ai déjà aidé des amis à monter leurs sites. Ou plutôt à comprendre comment ils pouvaient eux-mêmes monter leurs sites. Dans le codage chacun avance à son rythme pour répondre à ses propres besoins.

— Son plaisir? Enseigner le codage à des enfants, comme il va le faire chaque mercredi après-midi à Montreuil avec le logiciel Scratch.

— C'est excellent pour les enfants parce que cela développe leur logique. Avec les plus grands on va travailler à partir de Codecademy, une plateforme interactive qu'ils peuvent utiliser de manière autonome.

— Demain, Max sera sûrement développeur; à moins qu'on ne lui propose un emploi dans la cyber-sécurité, une de ses passions. Il ne sait ni où ni pour qui mais avoue en toute sérénité que le mot « chômage » ne fait même pas partie de son horizon.

4 Traduisez en français.

Suggested answers

1 À l'avenir, on consommera de moins en moins de papier.

2 Les hôpitaux se serviront peut-être de robots au lieu de chirurgiens.

3 L'enseignement de l'informatique devrait être obligatoire dans les écoles françaises.

4 Les jeunes doivent être capables de travailler avec la technologie numérique.

5 Personne ne sait ce qui sera possible d'ici vingt ans.

Résumé: Démontrez ce que vous avez appris! (p42)

1 Reliez les expressions 1–10 aux explications a–j.

1 f 2 h 3 b 4 c 5 i 6 e 7 d 8 g 9 j 10 a

2 Reliez les chiffres 1–8 aux explications a–h.

1 d 2 a 3 b 4 c 5 g 6 f 7 h 8 e

---

3 Remplissez les blancs avec le pronom approprié.

1	nous	6	la
2	l'	7	en
3	en	8	les
4	eux	9	leur
5	en	10	y

4 Answers will vary.

Résumé: Testez-vous! (pp43–45)

1 Écoutez ce reportage sur les réseaux sociaux en Belgique. À quoi correspondent ces chiffres? Écrivez vos réponses en français. Il n'est pas toujours nécessaire de faire des phrases complètes.

1 C'est le nombre d'internautes en Belgique.

2 C'est le nombre de consommateurs qui ont participé à cette étude.

3 C'est le pourcentage de la population belge en ligne qui utilise les réseaux sociaux.

4 C'est le nombre de Belges qui utilisent Facebook.

5 C'est le pourcentage des Belges qui utilisent Twitter.

6 C'est le pourcentage des Belges qui suivent au moins une marque sur les réseaux sociaux.

Transcript

En Belgique, nous comptons près de 900 millions d'internautes dont 40% se retrouvent exclusivement sur les réseaux sociaux. C'est dire que ces réseaux ont pris de l'importance dans le quotidien des individus.

Les résultats d'une étude récente, menée auprès de plus de 9 000 consommateurs dans 35 pays à travers le monde, montrent que près de 70% de la population belge en ligne utilisent les réseaux sociaux.

Comme dans tous les pays du monde, le réseau social Facebook est le réseau le plus populaire avec 4,8 millions d'utilisateurs et un pourcentage de 59% de part de marché. En quatrième place arrive Twitter avec 7% de part de marché.

Il faut pointer que l'utilisation des réseaux sociaux en Belgique est légèrement inférieure à la moyenne européenne de 73%.

Une autre information qui peut intéresser les entreprises concerne le pourcentage des Belges qui suivent au moins une marque sur les réseaux sociaux, qui est de l'ordre de 40%. Les secteurs les plus populaires sont les médias, la mode, l'alimentation et les chaînes de magasin.

2 Lisez le texte sur les cyberproblèmes au Québec. Écrivez vos réponses aux questions en français.

> **Suggested answers**
>
> 1 que les jeunes utilisent souvent Internet de façon excessive ou inadaptée
> 2 la cyberintimidation, la criminalité juvénile et l'hypersexualisation
> 3 de diminuer les suspensions et les expulsions en milieu scolaire et d'empêcher la criminalité juvénile via les écoles
> 4 de sensibiliser les jeunes aux conséquences négatives de l'hypersexualisation
> 5 d'outiller les jeunes , de leur faire comprendre les risques des nouvelles technologies

3a Lisez les deux premiers paragraphes du texte « La cyberintimidation… ». Choisissez les quatre phrases qui sont vraies selon le texte.

The true phrases are: 1, 3, 6, 7

3b Answers will vary.

3c Traduisez le dernier paragraphe du texte (*Pour Shaheen Shariff… sur ces questions*) en anglais.

> **Suggested answer**
>
> For Shaheen Shariff, a researcher at the education faculty of McGill University in Montreal, part of the problem lies in the fact that young people don't know exactly what constitutes breaking the law. 'Might it be an offence to post on YouTube a video that your girlfriend sent you? At what point does a joke become an act of aggression? At what point does a lie become criminal?' she emphasises. Next May, she is going to launch a bilingual website, financed by the Education Ministry and the Federal Government, to guide teachers, parents and pupils in these matters.

4 Lisez le texte « Les enfants… ». Traduisez les phrases en français.

1 Les enfants savent qu'ils ne devraient pas donner leurs coordonnées à une personne inconnue.
2 Hier, j'ai supprimé un message sans le lire.
3 Beaucoup de jeunes se sont inscrits sur Facebook – et leurs parents aussi!
4 Si nous comprenons les dangers des réseaux sociaux, nous pouvons nous en protéger.
5 Vous sentez-vous dépassé en ce qui concerne la communication électronique?
6 J'ai assisté à une conférence parce que je voulais tout simplement m'informer.

5 Answers will vary.

6 Answers will vary.

3 Le rôle du bénévolat

Pour commencer (pp48–49)

1 Answers will vary.

2 Devinez la bonne réponse.

1 b   2 c   3 a   4 b   5 c

3 Answers will vary.

> **Transcript**
>
> Maxime
>
> — Pour moi, l'important est d'aider quand je peux. Je suis étudiant donc je ne peux pas m'engager à long terme, je le fais pendant les vacances, quoi. Je vais sur Internet pour voir où se trouvent les missions courtes durées, ponctuelles.
>
> Françoise
>
> — Je m'occupe de l'association pour laquelle je suis bénévole. Je dirige les autres volontaires et je suis responsable des finances. C'est super parce que depuis ma retraite j'ai besoin de quelque chose à faire, et j'aime aider les gens malheureux.
>
> Léa
>
> — Le weekend je fais moi-même du sport, donc ce n'est pas grand-chose, aider un peu les associations sportives dont je suis déjà membre. J'aide avec les petits et les personnes handicapées et c'est très enrichissant.
>
> Thomas
>
> — Moi, je veux trouver un emploi dans la politique mais ce n'est pas évident! Il faut avoir de l'expérience et c'est pour ça que je m'engage avec le parti local pour démontrer mes compétences.

3.1 A : Qui sont et que font les bénévoles? (pp50–51)

1a Vrai (V), faux (F) ou information non-donnée (ND)?

1 V   2 ND   3 F   4 V   5 ND   6 V

1b Traduisez en anglais le dernier paragraphe du texte.

> **Suggested answer**
>
> In addition, we have to consider the individual circumstances of the volunteers. For example, there are young people and retired people, but also working people who give their free time. We should also include non-working volunteers, as well as job seekers for whom voluntary work is an opportunity to make themselves known to potential employers.

2a Écoutez ces quatre bénévoles. Qui parle? Sarra, Anaïs, Aurélien ou Lorraine?

1	Anaïs	**4**	Sarra
2	Lorraine	**5**	Lorraine
3	Aurélien	**6**	Anaïs

2b Answers will vary.

Transcript

Sarra

— La journée du 24 décembre, j'ai préparé les colis de Noël avec les bénévoles de l'association. Nous les avons ensuite apportés au domicile des personnes qui ne voulaient pas participer au repas de groupe proposé par l'association.

— Je m'engage à Noël parce que c'est un moment convivial où on peut facilement se rendre utile. Les relations qu'on entretient avec les personnes accompagnées et les bénévoles sont une grande source d'apprentissage et de soutien.

Anaïs

— J'avais envie de m'investir dans quelque chose. Il y a trois ans, j'ai heureusement trouvé sur Internet le programme Jeunes Ambassadeurs de l'UNICEF.

— Je fais passer des messages dans mon lycée sur les droits des enfants: droit à la survie, à la protection, à la participation à la vie familiale et sociale. Ainsi que sur les conditions de vie des enfants dans le monde (la malnutrition par exemple, ou la situation des enfants soldats).

Aurélien

— Je termine cette année un Master 1 de Droit International tout en passant le concours d'officier de sapeur-pompier professionnel. Je suis aussi sapeur-pompier volontaire depuis 3 ans et demi dans le Val d'Oise.

— J'ai voulu apporter ma contribution en devenant volontaire. En apprenant les gestes qui sauvent, les volontaires vivront des expériences extrêmement enrichissantes. De plus, ces compétences seront un atout tout au long de leur vie au niveau professionnel.

Lorraine

— J'ai plus ou moins toujours fait partie d'associations depuis que j'ai commencé mes études supérieures. Mais, l'été dernier, un mois et demi de volontariat dans un centre pour enfants sourds au Liban a considérablement renforcé ma volonté d'en faire plus à mon retour en France. Je me suis alors engagée dans la Fondation Claude Pompidou.

— Je participe aux sorties en minibus avec des enfants handicapés, des femmes atteintes d'invalidité moteur-cérébrale et des personnes âgées: piscine, cinéma, karting, visites de Paris, bowling, musées, patinoire, etc. J'effectue entre 1 et 3 sorties par mois.

— Il n'y a pas de formation spécifique, mais beaucoup d'enthousiasme, de calme et d'écoute sont absolument essentiels.

3 Answers will vary.

4 Complétez les phrases en choisissant dans la case.

1	ou	**4**	que (qu')
2	donc	**5**	Puisque (Puisqu')
3	si	**6**	aussitôt que (qu')

5 Answers will vary.

3.1 B: Qui sont et que font les bénévoles? (pp52–53)

1 Regardez le tableau et complétez les phrases.

1 le sport / les associations sportives

2 *any one of*: le sport / association sportive; association de loisirs, comité des fêtes; syndicat, groupement professionnel; protection de l'environnement

3 moins

4 la protection de l'environnement

5 culturelles ou musicales et religieuses ou culturelles

2 Answers will vary.

3 Lisez le texte « 45% des Français… » et traduisez en anglais le premier paragraphe.

> **Suggested answer**
>
> 45% of French people are members of an association / club, that is 29 million people. Many are members of several associations, which explains why the total number of memberships is as high as 36 million (1.5 million French people are members of four or more associations). The number of active associations in 2013 was estimated at 900,000.

4 Regardez le tableau puis écoutez deux lycéens qui discutent d'un sondage sur les différents types d'engagement bénévole. Corrigez les phrases qui sont fausses.

1 Le nombre de personnes engagées dans le bénévolat direct a *augmenté* pendant cette période.

3 Selon les lycéens, la crise économique *a peut-être eu un effet* sur le taux de ceux qui sont engagés dans le bénévolat direct.

4 L'engagement avec les associations bénévoles *a augmenté un peu* pendant la période.

6 Le taux d'engagement dans le bénévolat en France prouve *le manque d'égoïsme* de la société moderne.

Transcript

— Regarde comment l'engagement dans le bénévolat est plus élevé en 2013 qu'en 2010. 40,3% contre 36%. Ça veut dire qu'on a vu une croissance de plus de 4%!

— Oui, mais c'est moins clair que ça. Comment préciser les chiffres sans être certain de qui fait quoi? Par exemple, est-ce que je suis bénévole si je vais chez ma mamie pour l'aider à faire le ménage?

— Ben, à mon avis, oui. Examinons le tableau de plus près. Il me semble que c'est ce bénévolat direct qui a fortement évolué pendant cette période.

— C'est l'action près de chez soi. Comme tu as dit, aider ceux qui sont en difficulté sociale ou dans la pauvreté, mais sans adhérer à une association.

— D'accord, je comprends. C'est peut-être grâce à l'impact de la crise économique. De toute façon, la montée du taux d'engagement dans le bénévolat associatif est beaucoup moins sévère. C'est une évolution de 12% … beaucoup moins que le 31% attribué au bénévolat direct, et le bénévolat dans les autres organisations … les partis politiques par exemple … a même diminué!

— Oui. Je me demande si c'est un changement de mentalité de la part des Français. Un sentiment de responsabilité envers la société … mais les associations n'en ont pas encore bénéficié? Peut-être devraient-elles viser les bénévoles directs et les considérer comme l'une des grandes sources potentielles de futurs bénévoles associatifs?

— Oui, pour moi ce n'est pas le point le plus important. Pour moi, c'est que les Français ne sont guère égoïstes! Toutes formes de bénévolat confondues, on a vu une augmentation de 14% en trois ans! C'est la preuve du sentiment de responsabilité envers la société de nos concitoyens!

— Bien sûr, et c'est super ça!

5 Answer will vary.

3.2 A: Le bénévolat: quelle valeur pour ceux qui sont aidés? (pp54–55)

1 Écoutez les deux témoignages. Vrai (V), faux (F) ou information non-donnée (ND)?

1 ND 2 V 3 F 4 ND 5 V 6 ND

Transcript

— Jacques, vous avez bénéficié de l'accueil du Secours Catholique, non?

— Oui. Après un temps de chômage et de petits boulots on m'a écouté et on m'a soutenu matériellement pour accepter un emploi plus loin de chez moi. On a financé les premiers pleins d'essence, et ça a été le point de départ d'un grand changement dans ma vie.

— Emmanuel, vous étiez SDF jusqu'à l'intervention d'une équipe de la Croix-Rouge. Comment est-ce que ces bénévoles ont changé votre vie?

— J'avais tout perdu, je ne savais plus quoi faire, je n'avais aucun repère, ma vie était anéantie et moi aussi. Heureusement il y a des gens qui pensent aux autres et qui les aident, cela fait du bien, cette chaleur humaine, de ne pas être considéré comme un exclu, un moins que rien, pour moi c'est plus important que de l'argent.

2 Remplissez les blancs en changeant les verbes en parenthèses.

1 avais, aiderais
2 allais, apprendrais
3 étaient, souffriraient
4 préférais / préfères, pourrait
5 animais, utiliserais
6 faisaient, ferais
7 pouvait, m'inscrirais
8 bénéficieraient, nous engagions
9 refusait, comprendrais
10 changerait, prenait

3 Answers will vary.

4a Lisez les témoignages et répondez aux questions en essayant d'utiliser vos propres mots.

Suggested answers

1 La Croix-Rouge aide ceux qui ont du mal à écrire, lire, comprendre et parler le français. / La Croix-Rouge soutient et accompagne les personnes qui en ont besoin.

2 Elles se sentent différentes / ne peuvent pas trouver d'emploi.

3   Il faut lutter contre les fléaux comme l'analphabétisme et le décrochage scolaire. / Il n'est jamais trop tard pour soutenir un élève en difficulté.

4   Elle n'a pas eu la chance d'aller à l'école secondaire. Elle a dû aider ses parents avec le travail de la ferme.

5   Elle est venue en France avec son mari après la mort de ses parents.

6   Elle voulait contribuer au revenu familial en trouvant un emploi en France.

7   *Personal response – examples might include:* lire son courrier / retirer de l'argent au distributeur / faire le plein d'essence / lire une adresse / remplir un chèque / trouver son chemin sur un plan.

8   *Personal response*

4b Traduisez le témoignage d'Awa en anglais.

Suggested answer

I was born in Senegal and I lived there during my childhood, in the countryside. When I was little, I loved school but I did not have the opportunity to go to secondary school. My parents needed me; they worked on a farm and I helped them until the age of nineteen, when I got married. Soon after, my parents died. My husband and I decided to come to France to seek a new life but, once here, my husband realised that he would not be able to earn enough for our family. I wanted to contribute to the household income, but I couldn't read and write very well, for example to write a job application letter. For six months, I have been going to French classes in an association; the teachers are very good and I'm very grateful to them.

5   Answers will vary.

3.2 B: Le bénévolat: quelle valeur pour ceux qui sont aidés? (pp56–57)

1a Répondez aux questions en français. Attention! Essayez d'utiliser vos propres mots.

Suggested answers

1   Il s'agit d'un événement musical en plein air pour soutenir les mal-logés.

2   Trente-trois associations du « Collectif des associations unies » ont organisé cet événement.

3   On a trouvé des concerts, des discours, des stands, des lits de camp et des matelas, et une cabane de bidonville reconstituée.

4   Des personnes sans domicile ont parlé de la vie à la rue.

5   Ils pouvaient obtenir des sandwichs et des boissons chaudes, et ils pouvaient y dormir.

6   la Fondation Abbé Pierre, Médecins du Monde, Armée du Salut, Secours Catholique, et Emmaüs

7   La grande réussite, c'était de mélanger les personnes victimes de la crise du logement et les bénévoles.

1b Traduisez en anglais le paragraphe du texte qui commence par « Dans le but de montrer… ».

Suggested answer

Aiming to show the daily difficulties of the residents of 400 shanty towns / slums that still exist in France, a wooden cabin typical of those neighbourhoods has been put together. This self-contained / modular shelter, no more than a space holding about forty folding beds, is the last-resort housing solution for all too many families in France.

2   Answers will vary.

3a Écoutez l'interview avec Caroline qui est bénévole aux Restos du Cœur. Remplissez les blancs avec un mot de la liste. Attention, il y a trois mots de trop.

1   rues
2   repas
3   apprentissage
4   prêts
5   soigner
6   justificatif
7   soutenue
8   fournir

3b   Answers will vary.

Transcript

—   Bonsoir Caroline. Vous travaillez pour les Restos du Cœur?

—   Oui, surtout pendant la période la plus difficile pour les personnes en difficulté…de décembre à fin mars. Je distribue des repas à ceux qui vivent dans la rue. Pendant l'été j'aide ailleurs.

—   Pourquoi a-t-on besoin des Restos du Cœur?

—   Alors, c'était l'humoriste Coluche qui a fondé l'association il y a 30 ans. L'idée était simple. Servir des repas gratuitement aux personnes les plus démunies. De nos jours on offre aussi des centres d'hébergement et de l'aide à ceux qui veulent sortir de leur situation.

— Et vous réussissez?

— Oui. On organise des prêts de livres ou du soutien pour les aider à trouver un travail ou un logement. Ceux qui en veulent, ils peuvent aussi trouver du travail dans les jardins du Cœur ou apprendre la culture et le jardinage, tout en recevant un petit salaire. Ceux qui sont ainsi aidés se sentent moins isolés et plus utiles.

— Vous travaillez pour l'association pendant l'été?

— Oui, j'aide avec les « relais-bébés », destinés aux mamans qui n'ont pas les moyens de soigner et nourrir leurs enfants. Cette partie de la population est devenue si grande, et le besoin si fort, que l'association ne se contente plus de donner un repas chaud chaque jour. On aide ceux qui ne savent ni lire ni écrire, et on leur offre un abri aussi.

— Comment remplit-on les conditions pour bénéficier des Restos du Cœur?

— Alors, il faut se souvenir que ce n'est pas un organisme étatique. Les Restos du Cœur fonctionnent grâce aux dons des particuliers et les conditions d'accès sont fixées afin d'employer les fonds au mieux. Par exemple, pour pouvoir recevoir tout au long de l'hiver des paniers repas, une inscription est nécessaire, avec un justificatif de petits revenus.

— Comment est-ce qu'on aide les SDF?

— Évidement les SDF ne sont pas oubliés et les restos organisent des bus qui vont directement à la rencontre de ces personnes qui sont souvent totalement désociabilisées. Pour les personnes qui vivent dans la rue, tout comme pour les femmes en détresse, un repas chaud sera toujours servi si nécessaire sans que la personne ait besoin de fournir un justificatif.

4 Answers will vary.

3.3 A: Le bénévolat: quelle valeur pour ceux qui aident? (pp58–59)

1a Lisez l'article sur les nageurs-sauveteurs et reliez le début et la fin des phrases.

1 e 2 d 3 h 4 a 5 f 6 b 7 c 8 g

1b Traduisez en anglais le troisième paragraphe (« Chloé a tout juste… »).

Suggested answer

Chloé is just 18 years old, the minimum age to be employed on a beach. She has already done 400 hours of training, including jogging and swimming as well as life-saving and rescue exercises. To be a lifeguard, you need to have your boat licence as well as five different diplomas that are required in order to monitor public areas.

1c Answers will vary.

2 Complétez les phrases avec la bonne forme du futur simple.

1 assureront   4 irez
2 saurai   5 devrons
3 sera, ferai

3 Écoutez l'annonce pour le Passeport Bénévole. Répondez aux questions en français. Attention! Essayez d'utiliser vos propres mots.

Suggested answers

1 C'est un document pour attester de son expérience et des compétences acquises pendant sa carrière bénévole.

2 pour que ces activités bénévoles soient appréciées au maximum

3 avec le responsable de l'association / la personne avec qui on a collaboré pendant sa mission; en fournissant une photographie de son parcours

4 étudiant; personne en train de changer de carrière; personne qui cherche / à la recherche d'un emploi; personne qui est en congé pour raisons de famille

5 lors d'une candidature pour un emploi rémunéré

Transcript

— Vous faites du bénévolat, ou vous en avez fait dans le passé?

— Mieux votre mission bénévole sera définie et vos responsabilités précisées, plus l'utilité de votre action sera visible et valorisable. Vos activités bénévoles devraient être inscrites dans le Passeport Bénévole pour être appréciées à leur juste valeur.

— Pour faire le bilan de vos compétences et rendre compte de vos connaissances, nous vous recommandons d'y associer le responsable associatif avec lequel vous avez collaboré durant la mission: plus qu'une simple photographie de votre parcours, il s'agit de mettre en évidence une évaluation partagée.

— Vous êtes étudiant, salarié en reconversion professionnelle, demandeur d'emploi ou en congé familial voulant reprendre une activité professionnelle, pensez à faire fructifier toute votre expérience, qu'elle soit professionnelle ou bénévole. En effet, les compétences mobilisées ou acquises au titre des missions bénévoles peuvent être valorisées dans la perspective d'une candidature à un emploi salarié.

4 Answers will vary.

5 Answers will vary.

3.3 B: Le bénévolat: quelle valeur pour ceux qui aident? (pp60–61)

1 Answers will vary.

2a Trouvez les expressions françaises dans le texte.

1 prendre le taureau par les cornes
2 le concours
3 j'ai appris tant de choses
4 rester dans le droit chemin
5 rendre la vie meilleure
6 Comment ça marche?

2b Relisez les opinions sur le service civique. C'est qui: Grégory, Julie, Hélène, Karim, Kévin ou Marine? Qui dit…

1 Kévin
2 Grégory
3 Hélène
4 Marine
5 Karim
6 Julie

2c Traduisez en anglais les témoignages de Kévin et de Marine.

> **Suggested answers**
>
> *Kévin*: I help a young man who needs help with his school work and who was having trouble staying on the right track. He is from a very disadvantaged background and I do what I can. I think that civic service has helped me to become a good citizen. I try to make life better wherever I am, and it's good experience for me because I really want to work in education.
>
> *Marine*: In order to succeed, this initiative must become compulsory. Too many young people choose not to participate, and if that attitude continues it will never work. In terms of citizenship, there is no doubt that the idea must evolve from a 'universal public service' to a universal and compulsory involvement.

3a Écoutez les trois personnes qui ont fait des missions au Service Civique. Mettez les titres dans le bon ordre.

2, 3, 1

3b Écoutez encore. Notez les phrases qui sont vraies et corrigez les phrases qui sont fausses.

The true statements are: 2, 5, 6, 7

The false sentences, with corrections shown in italics, are:

1 Amandine a changé d'avis sur son choix de carrière *avant de commencer* son service civique.

3 Aurélien *a été transformé par* sa mission.

4 La mission d'Aurélien comportait *un projet de football, ainsi que la construction d'un centre aéré avec des matériaux reconstitués.*

8 Elle (Lisa) va *créer un site web consacré aux femmes du monde.*

> **Transcript**
>
> — Amandine, tu as 23 ans et je crois que tu étais volontaire à Animafac?
>
> — Oui. C'est ça. Ayant toujours travaillé dans le domaine du sport, j'ai voulu me réorienter vers l'économie sociale et solidaire. J'ai découvert le Service Civique cet été et j'ai été prise à Animafac, qui est le réseau national d'associations étudiantes. Je suis devenue animatrice de ce réseau. Cela a été une mission très enrichissante en tous points. Le Service Civique est, je pense, une vraie porte d'entrée pour s'engager et développer des compétences comme l'autonomie, la responsabilité, la communication et surtout le relationnel.
>
> — Aurélien, tu n'as que 18 ans mais tu as fait ta mission à Gandiol, au Sénégal. Qu'as-tu pensé de ton expérience?
>
> — Oui, je viens de rentrer du Sénégal, et l'expérience m'a transformé. Ma mission a été dans le cadre du service civique et je n'oublierai jamais le projet Soli'Sport qui comprenait cinq jours avec des jeunes de 15 à 20 ans dans un tournoi de football, et le moment où j'ai dû officier en tant qu'arbitre! J'ai aussi participé à un projet de développement durable. On construisait un centre aéré avec des bouteilles de récupération! L'année prochaine je ferai un service volontaire européen qui sera le prolongement de l'année écoulée.
>
> — Et toi Lisa, tu es aussi allée au Sénégal?
>
> — Oui, j'étais au Sénégal moi aussi, à Gandiol. J'ai fait des interviews avec des mères de familles autour de leurs aspirations, de l'éducation, de leurs joies ou de leurs peines, mais aussi de leur place d'épouse ou de mère. J'ai l'intention de créer un site web qu'on appellera 'Mondes des Femmes'. Je mettrai leurs paroles auprès de celles de femmes israéliennes et aussi de femmes françaises. J'ai 23 ans et je suis en 5e année de droit à la fac et je souhaite travailler dans les organisations internationales.

4 Answers will vary.

5 Answers will vary.

Résumé: Démontrez ce que vous avez appris! (p62)

1 Reliez le début et la fin des phrases.

1e 2c 3a 4b 5f 6d

2 Choisissez la bonne réponse pour chaque question.

1b 2c 3a 4b 5b

3 Quelles sont les attitudes envers le bénévolat? Pour une attitude positive, notez P. Pour une attitude négative, notez N. Pour une attitude positive et négative, notez P+N.

1P+N 2P 3N 4P 5P 6N 7N 8P+N

4 Answers will vary.

Résumé: Testez-vous! (pp63–65)

1 Answers will vary.

2 Trouvez les synonymes dans le texte « Helping Day ». La liste est dans le bon ordre.

1	SDF	5	foule
2	bénévole	6	démuni
3	solidarité	7	à manger
4	véritable	8	accessible

3 Traduisez le dernier paragraphe (« Une fois… ») en anglais.

> **Suggested answer**
>
> Once the group photo had been taken, the volunteers split up and went off to the various Paris stations. 'Many participants had prepared meal parcels or tea and coffee,' says Othman, delighted. It is becoming easy to believe in this simple project, which is available to all.

4 Répondez aux questions en français. Il n'est pas toujours nécessaire de faire des phrases complètes.

> **Suggested answers**
>
> 1 un étudiant français / de Fontenay qui s'appelle Othman Baccouche
>
> 2 aider les personnes démunies et leur offrir de la chaleur humaine
>
> 3 des boissons, de la nourriture, des vêtements, de la chaleur humaine
>
> 4 On a fait une photo de groupe.
>
> 5 C'est simple et accessible pour tout le monde.

5 Remplissez les blancs dans le texte « Êtes-vous prêt… » avec un mot de la liste. Attention, il y a trois mots de trop.

1	penseront	6	partagiez
2	inverse	7	sera
3	démunis	8	offrirons
4	depuis	9	besoin
5	démontrer	10	membre

6 Écoutez l'interview avec Sofia qui parle du Passeport Bénévole. Choisissez la bonne réponse et écrivez la bonne lettre.

1b 2a 3c 4b 5b 6c

> **Transcript**
>
> — Sofia, vous êtes titulaire d'un Passeport Bénévole, n'est-ce pas?
>
> — Oui, quand j'étais étudiante j'ai décidé de m'investir à la banque alimentaire pour apprendre le fonctionnement d'une association. Je voulais aussi approfondir mes compétences et développer mon relationnel.
>
> — Vous étiez à la Fac alors, mais vous vouliez vous préparer au monde du travail?
>
> — C'est exact. Avec le Passeport Bénévole, on a l'occasion d'avoir une trace écrite des compétences mises en œuvre dans le cadre de la mission. Si on est étudiante, comme je l'étais, ou demandeur d'emploi, on peut surtout gagner en assurance, mais aussi mieux identifier à la fois ses compétences métier et ses compétences comportementales.
>
> — Qu'avez-vous fait à la banque alimentaire?
>
> — J'ai dû utiliser mes compétences. J'étais en train de préparer ma licence en gestion des entreprises et administration et à l'association j'ai participé à l'organisation de la collecte nationale des banques alimentaires en gérant le planning des bénévoles.
>
> — Comment avez-vous découvert le Passeport Bénévole?
>
> — C'est le responsable administratif de l'association qui m'a proposé de remplir un Passeport Bénévole. Je ne connaissais même pas son existence! Mais ayant mené une mission très intéressante j'ai voulu d'une part en avoir une trace écrite et d'autre part savoir si mon travail avait été apprécié et s'il était reconnu.
>
> — Avez-vous trouvé un emploi?
>
> — Oui, après avoir terminé ma licence Pro j'ai trouvé un travail dans une association tout d'abord puis au sein d'une administration. J'ai pu montrer le Passeport Bénévole pour montrer ma capacité d'adaptation et mon bon relationnel.

7 Answers will vary.

8 Answers will vary.

4 Une culture fière de son patrimoine

Pour commencer (p69)

1 Trouvez la bonne définition (a–j) pour chaque expression (1–10).

1 b 2 e 3 g 4 a 5 c 6 f 7 j 8 h 9 d 10 i

2 Lisez les textes. Qui…

1	Enzo	**4**	Pascal
2	Odile	**5**	Odile
3	Pascal	**6**	Odile

3 Answers will vary.

4.1 A: Le patrimoine sur le plan national, régional et local (pp70–71)

1a Trouvez des synonymes pour ces mots, inclus dans le texte.

1	renommé(e)	**5**	autrement
2	la moitié	**6**	équipé
3	visite	**7**	ruelle
4	trésor	**8**	forfait (exclusif)

1b Répondez aux questions suivantes en français. Essayez d'utiliser vox propres mots.

1 pour son rôle historique comme centre d'échange d'influences au cours de 2 000 ans, ainsi que pour ses bâtiments et son patrimoine immatériel comme la production de vin

2 son patrimoine culturel qui ne compte pas ses bâtiments ou sites historiques, par exemple son histoire, sa production de vin et ses personnes célèbres

3 à pied, en bateau-mouche, en Tuk Tuk ou en utilisant les transports en commun

4 en créant des cartes, des forfaits et une application

5 *personal response*

6 *personal response*

1c Traduisez en anglais la partie du texte soulignée.

Suggested answer

In 2007, UNESCO included half of the city on the list of World Heritage Sites. Bordeaux 'Port de la lune' is in fact the only urban complex of this size to have been so distinguished. UNESCO wanted to recognise the historical role played by the city in as much as it has been 'a centre for the exchange of cultural values' over a period of nearly 2,000 years.

2 Écoutez l'interview au sujet du patrimoine. Notez les numéros des cinq phrases vraies.

The five correct statements are: 3, 4, 6, 7, 8

Transcript

— Constance, vous habitez à Verdun n'est-ce pas?

— Oui, alors pas loin de la ville, dans la banlieue de Belleray.

— Pensez-vous que le patrimoine d'une ville et d'une région est important?

— Alors, pour nous ici c'est une histoire de guerre. En fait notre département, la Meuse, a été le théâtre des plus violentes batailles de la première guerre mondiale. En conséquence on a demandé à ce que les sites de ces batailles soient mis sur la liste du Patrimoine de l'humanité de l'Unesco avant 2018, à temps pour le centième anniversaire de la Grande Guerre.

— Pensez-vous que l'Unesco devrait inscrire une aussi grande collection de lieux?

— Pourquoi pas, on l'a déjà fait ailleurs. C'est une candidature partagée entre la France et la Belgique. Seul problème, il y a une accumulation de demandes de candidatures françaises. Par exemple les plages du débarquement en Normandie sont toujours sur la liste indicative.

— C'est important pour la région d'être reconnue ainsi?

— Ça fait partie de notre patrimoine. Par exemple pas loin d'ici il y a un village qui s'appelle Bezonvaux. Ce village-là a été complètement détruit en 1917. Il reste des panneaux pour indiquer les rues principales et on a construit un petit mémorial. Il y a un maire mais aucun habitant. C'est remarquable, non?

— Mais l'Histoire, ce n'est pas forcément la même chose que le patrimoine!

— Non, mais il y a un devoir de mémoire et de préservation, à mon avis. Un classement à l'Unesco serait aussi la reconnaissance de l'impact que cette guerre a eu sur la société. Des années douloureuses qui ont marqué notre histoire et fait des milliers de victimes. La bataille de Verdun a fait plus de 300 000 morts!

— L'Histoire est pleine de batailles tragiques.

— Cette guerre était la première où les soldats morts avaient droit à une tombe individuelle. Jusqu'alors, seuls les officiers avaient cet honneur, la piétaille étant enterrée dans des fosses communes. Cette guerre a été la première où le soldat a été considéré comme un individu. Cette humanité dans l'inhumanité reste une des caractéristiques de ce conflit. C'est pourquoi les cimetières de 14–18 sont devenus des lieux de consensus après la guerre et l'impact de ce qui s'est passé ici fait autant partie de notre patrimoine humain et mondial.

3 Answers will vary.

4 Insérez les adjectifs dans les phrases suivantes. Attention aux accords!

1 La tour Eiffel est un monument **impressionnant**.
2 Paris est la ville la plus **visitée** de France.
3 En Périgord on trouvera plusieurs **grandes** grottes préhistoriques.
4 À mon avis le Louvre est le **meilleur** musée du monde.
5 Dans la région de la Somme il y a **de beaux** sites **tristes**. / Dans la **belle** région de la Somme il y a des sites **tristes**.
6 La Joconde est l'une des peintures les plus **précieuses** au Louvre.

5 Answers will vary.

4.1 B: Le patrimoine sur le plan national, régional et local (pp72–73)

1a Lisez les textes « Le Patrimoine » et « Monument jeu d'enfant ». Repondez aux questions en français.

Suggested answers

1 Le patrimoine est ce qui est transmis de génération à génération. Ainsi les bâtiments construits aujourd'hui seront considérés comme le patrimoine dans l'avenir.

2 Chaque personne a été influencée de manière personnelle par ce qui lui a été laissé, soit par l'architecture, soit par les traditions ou les cultures.
3 pour qu'ils reconnaissent l'importance de la préservation des sites importants
4 premier texte: le public / les associations / les commerces; deuxième texte: les parents / les grands-parents / les écoles
5 *personal response*
6 *personal response*

1b Traduisez en anglais les passages soulignés dans les deux textes.

Suggested answers

Le Patrimoine du 21e Siècle:

The future of heritage is an issue that concerns all of us, especially young people, whether today they be designers, manufacturers or users.

Hopefully these European Heritage Days will therefore, for each of you, be the opportunity to marvel, and to dream of what will amaze our children and our grandchildren in the years to come.

Monument jeu d'enfant:

As it is important for children to discover the richness of our monuments, for the last 17 years National Monuments have provided a weekend dedicated to them: 'Monuments, child's play / a children's game'.

2 Answers will vary.

3 Écoutez Marie, bénévole pour REMPART qui s'occupe de la restauration de monuments historiques importants. Remplissez les blancs avec le bon mot de la case.

1 bénévole   5 biens
2 importante   6 moins
3 attirent   7 touristes
4 rapport   8 partagé

Transcript

— Marie, quels sont les défis fiscaux pour ceux qui veulent protéger le patrimoine architectural de la France?

— Les monuments historiques, soit cathédrales, châteaux ou simples statues, les richesses architecturales françaises sont pour la plupart dans un état de dégradation. On estime que près de la moitié des monuments historiques classés sont considérés en mauvais état, voire en péril. C'est un laisser-aller inquiétant quand on sait que le patrimoine français attire chaque année des millions de touristes.

— Combien d'argent faudra-t-il pour faire les réparations?

— Selon le Rapport sur l'état du parc monumental français, pour restaurer les monuments les plus dégradés, 10 millions d'euros vont être nécessaires. Même avec le travail des associations comme la nôtre, il faut trouver beaucoup d'argent. Et le besoin ne s'arrête jamais, puisqu'il y a toujours de nouveaux sites qui ont besoin de rénovations.

— Comment est-ce qu'on propose de payer?

— Alors, souvent on suppose que ce sont les communes qui financent les travaux. Mais une des raisons de ces détériorations est que la plupart de ces biens - environ 65% - se trouvent dans des communes de moins de 2 000 habitants, qui ne peuvent financièrement faire face à la conduite d'opérations de rénovation.

— Ce sont les usagers, les touristes, alors qui devraient payer?

— Dans une certaine mesure c'est déjà le cas. Les communes peuvent demander aux vacanciers séjournant sur leur territoire de payer une taxe de séjour. Cependant, à mon avis, si on veut protéger notre patrimoine, nous devons tous, les habitants et les touristes, contribuer pour sauvegarder le patrimoine et l'histoire de notre pays. Dans ce monde, rien n'est gratuit!

4 Answers will vary.

4.2 A: Le patrimoine et le tourisme (pp74–75)

1 Traduisez en anglais les deux derniers paragraphes du texte.

Suggested answer

Reception facilities / Visitor amenities of poor quality appear devoid of cultural information. In touristy towns and villages, too high a priority / too much priority given to tourism ends up with traditional shops being replaced by souvenir sellers. It soon becomes impossible for locals and tourists to coexist.

At last the success of certain tourist sites is beginning to interest some tour operators, hotel owners and estate agents, who are no longer finding enough business prospects open to them in their usual areas of activity (seaside and mountain areas).

2 Answers will vary.

3 Answers will vary.

4 Traduisez en français.

Suggested answer

Bien que le tourisme soit très positif pour une région, il y a aussi de nombreux inconvénients tels que l'effet endommageant / nuisible sur le site lui-même comme le résultat de la sur-fréquentation. En outre, des villes peuvent passer de villages paisibles en lieux touristiques très fréquentés, où les marchands de souvenirs et les restaurants bon marché remplacent le caractère local.

5a Écoutez l'interview avec Luc, un lycéen qui vient de visiter une exposition sur la période préhistorique. Choisissez la bonne réponse.

1 c 2 b 3 a 4 c 5 b 6 a 7 c 8 c

5b Répondez aux questions en français. Essayez d'utiliser vos propres mots.

Suggested answers

1 Lascaux 3

2 La vraie grotte et la première reproduction sont en Dordogne; Lascaux 3 est à Paris, c'est la première reproduction intégrale, avec un film en 3D et d'autres expositions sur l'homme préhistorique.

3 Elle a été fermée au public en raison d'un changement de température et de l'atmosphère dans la grotte à cause de la présence des visiteurs, de champignons sur les rochers et de dégâts aux peintures.

4 On peut voir des choses remarquables et apprendre beaucoup sur le travail des scientifiques pour découvrir et comprendre les peintures rupestres.

Transcript

— Luc, tu viens de visiter « Lascaux 3 » n'est-ce pas?

— Oui, et c'était incroyable! Quelle ambiance; on est plongé dans la fraîcheur et on entend le bruit de gouttes d'eau qui tombent au sol. Et les dessins y sont extraordinaires! On voit des représentations d'animaux qui vivaient 17 000 ans avant Jésus Christ comme des bisons et des mammouths. Moi j'avais le sentiment que j'étais là dans la vraie grotte de Lascaux.

— Mais c'était à Paris...

— Oui, c'était une exposition, à la Porte de Versailles. C'est la deuxième reproduction de la grotte. La première se trouve en Dordogne, sur la même colline que la vraie grotte – celle-là a été ouverte en 1983. Mais celle-ci est la première reproduction intégrale, avec un film en 3D et des reconstitutions d'hommes qui vivaient à cette période. L'expo a déjà été aux États-Unis et maintenant elle va partir à Genève.

— Pourquoi ne pas visiter la grotte authentique?

— Alors des adolescents l'ont découverte par hasard en 1940 et elle est vite devenue un site mondialement connu. Cependant on l'a fermée au public en 1963 parce que, depuis l'ouverture au public, on avait constaté une modification de la stabilité de la température et de l'atmosphère à l'intérieur de la grotte, à cause de la présence des visiteurs. On a remarqué l'apparition de champignons sur les parois rocheuses; ils endommageaient les peintures fragiles.

— Et c'est pour ça qu'on a pris la décision de fermer le site au public?

— Tout à fait. Pour que le public puisse quand même continuer d'admirer ces peintures rupestres, on a construit la première reproduction, qu'on a appelée « Lascaux 2 ». Il est impossible de voir les peintures en vrai, mais si on y va, on peut quand même voir des choses remarquables. On peut apprendre beaucoup sur le travail des scientifiques pour découvrir et comprendre les peintures rupestres.

— Alors, ce n'est pas possible d'admirer des peintures rupestres en réalité?

— On a fermé la vraie grotte de Lascaux pour éviter la détérioration de l'art, et pour protéger le site pour le patrimoine. Le public n'est plus autorisé à voir la vraie grotte de Lascaux mais il y a d'autres sites de Cro-Magnon en France, notamment en Dordogne. On peut par exemple citer les grottes de Rouffignac où les vrais dessins sont visibles. C'est un site plus petit que Lascaux mais en termes d'émotion rien ne remplace le sentiment de voir le lieu authentique.

6 Answers will vary.

7 Traduisez en français.

Suggested answers

1 Si je visite la Dordogne, je verrai une grotte authentique.

2 S'il y a trop de monde, je reviendrai à la tour Eiffel lundi.

3 S'ils construisent un meilleur centre d'accueil, plus de touristes viendront.

4 Si je vais à Caen, je visiterai le Mémorial pour la Paix.

5 Si le site est protégé, plus de gens le verront à l'avenir.

6 Si les gens visitent la région, ils mangeront dans les restaurants proches.

4.2 B: Le patrimoine et le tourisme (pp76–77)

1a Lisez les deux textes sur le Mont-Saint-Michel et pour chaque phrase choisissez: Vrai (V), Faux (F) ou information non-donnée (ND).

1 F 2 F 3 ND 4 V 5 V 6 F 7 ND 8 F

1b Traduisez en anglais le deuxième paragraphe du premier texte (« Chaque année… »).

Suggested answer

Every year, 3.5 million visitors come to visit this site, one of the most famous landmarks in the world. From now on, it is no longer possible to get to the site by car. You have to walk or take a shuttle. This is an important step in a vast building project that will last three years and will allow the 'Mont' to once again become an island, as it was before.

2 Answer will vary.

3 Lisez le texte sur la réalité virtuelle et trouvez les synonymes dans le texte.

1 autrement
2 créer
3 étape
4 travail
5 se balader
6 conçu
7 bref
8 reconstitution
9 époque

4a Écoutez cinq personnes qui parlent des visites virtuelles. Pour une attitude positive, notez P. Pour une attitude négative, notez N. Pour une attitude positive et négative, notez P+N.

1 P 2 P+N 3 N 4 N 5 P

4b Écoutez encore. Résumez les avantages et les inconvénients des balades virtuelles mentionnées.

Suggested answers

Avantages: On peut découvrir un site avant de s'y rendre. Si on ne peut pas y aller, on peut faire comme si on y était en utilisant une application. On peut apprécier un site comme il était dans le passé.

Inconvénients: On ne voit pas le vrai site / le lieu réel. On ne visite pas un endroit sans se déplacer. Les balades virtuelles sont inaccessibles aux personnes qui ne vont pas en ligne. Un dépliant devrait être suffisant si le site vaut la peine d'être visité.

Transcript

1 L'année dernière, avant de partir en vacances à Barcelone, j'ai trouvé le site web de la Casa Batlló, et j'ai fait la visite virtuelle. C'était si utile! Avant d'y arriver j'avais appris tant de choses que j'ai pu passer le temps de la visite complètement émerveillée!

2 Moi, je voudrais faire la visite scolaire du Château de Versailles cette année mais je dois aller à un mariage à Brest ce weekend-là. Bien que je ne puisse pas y aller, je peux télécharger une petite application sur mon smartphone et faire la visite. Ce n'est pas la même chose et je suis déçu de ne pas pouvoir visiter le château en vrai, avec mes copains, mais ça suffira pour mes études.

3 On dit que ces «balades virtuelles» sont utiles pour que les personnes du troisième âge puissent visiter la région ou le monument en question. Mais on ne visite pas un endroit sans se déplacer! Et ces personnes âgées – elles passent beaucoup de temps en ligne? Je ne le pense pas!

4 Pourquoi dépenser tant d'argent en créant des sites web pour permettre aux touristes de visiter un endroit? C'est du gaspillage d'argent! On a seulement besoin d'une affiche ou d'un dépliant avec les photos des monuments et du paysage. Si ça ne suffit pas je ne crois pas que ce soit un endroit suffisamment touristique ou beau!

5 C'est utile quand on va dans un endroit qui s'est complètement transformé. Je prends par exemple les plages du débarquement en Normandie. De nos jours, c'est une série de stations balnéaires mais il faut qu'on fasse des visites virtuelles soit avant de partir, soit là dans les musées, pour apprécier ce que cette région doit au patrimoine.

5 Answers will vary.

4.3 A: Comment le patrimoine reflète la culture (pp78–79)

1 Answers will vary.

Transcript

— Hélène, vous êtes organisatrice de cette exposition itinérante du patrimoine culturel immatériel français. Qu'est-ce que c'est exactement?

— Alors c'est une exposition autour des éléments du PCI reconnu par l'Unesco. C'est une liste à part, parce que le patrimoine culturel ne s'arrête pas aux monuments et aux collections d'objets. Ce sont également les traditions, les représentations, les expressions et le savoir-faire qui sont vivants, hérités de nos ancêtres et transmis à nos descendants.

— Donc on parle de pratiques et traditions qui ne sont pas mortes ou figées dans le passé?

— Oui, ils doivent contribuer à un sens d'identité et de continuité, établissant un lien entre notre passé et, à travers le présent, notre futur. Ces pratiques et représentations auront leurs racines dans le passé – elles ont été transmises de génération en génération. Mais le PCI doit être reconnu comme tel par les communautés qui le portent, participant à la construction de leur identité collective.

— Pouvez-vous nous donner des exemples?

— Ce genre de patrimoine se manifeste surtout dans les pratiques sociales, les traditions et expressions orales, les arts du spectacle, les rituels et évènements festifs et le savoir-faire lié à l'artisanat traditionnel.

— Quels sont les exemples français déjà inscrits sur la liste?

— À l'heure actuelle il y en a treize. Plusieurs exemples de traditions régionales comme la dentellerie, la tapisserie, les festivals et la danse – en France et en outre-mer. Mais il y a aussi des éléments nationaux. Par exemple, l'équitation française, des éléments de la charpente et bien sûr le repas gastronomique des Français!

2a **Lisez le texte « La France, son château de Versailles… ». Choisissez les quatre phrases qui sont vraies.**

The four true statements are: 2, 4, 5, 8

2b **Corrigez les quatre phrases de l'activité 2a qui sont fausses.**

The false sentences, with corrections shown in italics, are:

1 La gastronomie française *fait partie du patrimoine mondial au même titre que* la Grande Muraille de Chine.

3 Selon l'Unesco, les monuments *n'ont pas* plus d'importance que le patrimoine immatériel.

6 Selon l'auteur, *manger signifie cuisiner d'une certaine façon, assembler les aliments et partager un repas.*

7 Ceux qui mangent *avec des baguettes* viennent souvent d'Asie.

3 Traduisez en anglais le deuxième paragraphe du texte.

> **Suggested answer**
>
> By recognising French gastronomy in this way, the jury has honoured a tradition 'aiming to celebrate the most important moments in the lives of individuals and groups'. This category was created so that traditions that show the diversity of our intangible heritage are protected in the long term.

4 Answers will vary.

5 Answers will vary.

6 Answers will vary.

4.3 B: Comment le patrimoine reflète la culture (pp80–81)

1 Lisez le texte et choisissez la bonne réponse.

1	réunir	4	peut
2	au développement	5	jeunes
3	nouveaux	6	gagner

2 Answers will vary.

3a Écoutez six personnes qui donnent leurs opinions sur l'appli OhAhCheck! Pour une attitude positive, notez P. Pour une attitude négative, notez N. Pour une attitude positive et négative, notez P+N.

1 P 2 N 3 P+N 4 P 5 N 6 P

3b Écoutez encore. Quels sont les avantages et les inconvénients de l'appli OhAhCheck! selon ces personnes? Répondez en utilisant vos propres mots.

Avantages: On peut discuter des sites avec ses amis avant de partir. Elle aide à financer la restauration de sites. On peut contribuer à l'appli en précisant un point. Les jeunes peuvent l'utiliser au lieu de lire un guide touristique ou des panneaux, les deux étant démodés.

Inconvénients: Il y a trop de réseaux sociaux, dont la plupart ne survivent pas. L'appli ne sera pas toujours correcte – mieux vaut écouter un expert ou lire un guide officiel. On n'aime pas utiliser la technologie pour découvrir quelque chose de plus vieux que la technologie elle-même.

Transcript

1 Selon moi c'est une bonne idée. Souvent je ne sais pas quoi faire le weekend, et j'adore me connecter avec mes amis pour des idées. Comme ça on aura l'occasion de discuter des lieux et de leurs mérites avant de partir!

2 Encore un réseau social! Bof, j'en ai marre de devoir aller en ligne pour discuter ou pour découvrir. C'est une autre appli qui va vite disparaître et les lieux n'en auront nullement bénéficié!

3 J'aime le fait qu'on puisse l'utiliser pour financer la restauration de sites patrimoniaux. Bien que je veuille donner de l'argent dans ce but, je ne savais pas comment le faire. Pourtant je n'ai pas besoin d'une application sur mon portable pour découvrir des lieux – pour cela je préfère lire ou écouter un expert, pas quelqu'un qui aura peut-être tort!

4 Ce qui est bon, c'est que le public ainsi que les mairies ou les syndicats d'initiative peuvent créer un point. Après, il suffit d'en vérifier la véracité et ... hop, on a aidé les autres. C'est une super méthode d'inclusion de monsieur et madame Tout-le-monde dans la préservation de notre patrimoine.

5 C'est triste, quoi. Quelle réflexion du monde actuel! Il faut qu'on ait un portable pour apprécier ce qui est autour de nous, et ce qui est autour de nous depuis si longtemps, avant l'arrivée de la technologie. Qui va utiliser ça? Pas moi, je t'assure!

6 C'est si utile! Je peux partager ce que je sais, je peux commenter les lieux que je connais. C'est l'avenir, quoi! Les jeunes ne sont pas habitués à lire des panneaux d'informations ou à suivre des visites guidées. Bien qu'il soit triste qu'on n'achète plus de guides touristiques, tout ce dont on a besoin de nos jours doit être à portée de main.

4 Traduisez en français.

> **Suggested answer**
>
> Le patrimoine d'un pays ou d'une région devrait être protégé parce qu'il représente notre mémoire collective. Une fois qu'il a disparu, il est parti pour toujours. Bien que cela soit souvent coûteux / cher et difficile, la rénovation et l'utilisation de la technologie peuvent aider à transformer un site. Si on investit de l'argent, plus de touristes viendront visiter. Que ce soit dans les magasins de souvenirs ou dans les restaurants locaux, ils dépenseront leur argent et la région en bénéficiera.

5 Complétez les phrases avec le verbe indiqué au subjonctif.

1 soit

2 donne

3 restent

4 ait

5 possède

6 produise

7 soit

8 offre

6a Answers will vary.

6b Answers will vary.

Résumé: Démontrez ce que vous avez appris! (p82)

1 Answers will vary.

2 Reliez les expressions 1–10 aux explications a–j.

1 a   2 g   3 d   4 b   5 j   6 i   7 e   8 h   9 c   10 f

3 Reliez le début et la fin des phrases.

1 e   2 g   3 d   4 f   5 c   6 h   7 a   8 b

4 Remplissez les blancs avec la bonne forme du verbe. Attention aux verbes qui prennent le subjonctif!

1 soit

2 aller

3 puissiez

4 payer

5 ait

6 fasse

7 sont

8 puisse

9 reçoivent

10 est

Résumé: Testez-vous! (pp83–85)

1 Lisez le texte. Choisissez les cinq phrases qui sont vraies.

The five true statements are: 3, 4, 7, 8, 10

2 Answers will vary.

3a Écoutez l'interview sur une découverte dans une grotte scellée. Écrivez vos réponses aux questions en français en utilisant vos propres mots. Il n'est pas toujours nécessaire de faire des phrases complètes.

Suggested answers

1   *Any three of*: Ce sont les plus anciennes peintures connues à ce jour / des représentations d'espèces dangereuses / des centaines de dessins / les dessins ont du relief.

2   La grotte a été fermée par un éboulement il y a environ 20 000 ans.

3   C'est la plus grande reproduction de grotte ornée du monde.

4   Il y a un rendu exceptionnel de la perspective / les dessins ont du relief (comme la 3D).

5   Il faut protéger la vraie grotte des éléments, de la sur-fréquentation et des changements d'atmosphère causés par la présence du public.

3b Écrivez en français un paragraphe de 70 mots maximum où vous résumerez ce que vous avez compris selon les points suivants. Écrivez des phrases complètes.

Transcript

— Sabine, vous travaillez pour Tourisme Ardèche. C'est quoi exactement la Caverne du Pont-d'Arc?

— C'est une grotte exceptionnelle qui témoigne de l'art préhistorique, des plus anciennes peintures connues à ce jour entre 30 000 et 32 000 avant Jésus-Christ.

— Et ces peintures sont parfaitement préservées?

— Oui, la grotte a été fermée par un éboulement il y a environ 20 000 ans et elle est restée scellée jusqu'à sa redécouverte en 1994, ce qui a permis de la conserver de façon exceptionnelle.

— Est-ce qu'on peut voir les vraies peintures?

— Ce qu'on visite, c'est une copie exacte de la grotte Chauvet, la plus grande reproduction de grotte ornée du monde. Elle se situe à proximité de la vraie grotte.

— Comme la grotte de Lascaux alors?

— Oui mais cette grotte est deux fois plus ancienne que la grotte de Lascaux... les peintures datent de 35 000 ans. On pensait que les peintures de cette époque étaient peu intéressantes, très primaires. Or, la découverte de Chauvet nous a montré que les hommes étaient déjà capables de réaliser de purs chefs-d'œuvre.

— Pourquoi sont-ils si différents des autres exemples?

— On y trouve notamment des représentations d'espèces dangereuses, difficiles à observer par les hommes de l'époque, comme les mammouths, les ours, les lions des cavernes, les rhinocéros, les bisons. Il y avait aussi des centaines de dessins – beaucoup plus qu'on avait vus ailleurs. Et puis surtout, c'était des dessins d'une grande beauté, un rendu exceptionnel de la perspective. Les dessins ont du relief. C'est de la 3D avant l'heure!

— Le public est parfois déçu qu'on ne puisse voir qu'une réplique de la vraie grotte. Que pensez-vous de cette reproduction?

— Je peux comprendre sa frustration parce qu'on veut voir la vérité. Mais il faut la protéger des éléments et de la sur-fréquentation, ainsi que des changements de l'atmosphère causés par la présence du public. Ce site est très bien fait, très fidèle. Il y a des expos et des musées pour améliorer la visite globale. Nous ne voulions rien enlever ni rajouter aux dessins. Nous ne voulions surtout pas faire un Disneyland préhistorique. C'est parfaitement authentique.

4 Traduisez en français.

Suggested answers

1 Si plus d'argent est consacré à l'amélioration de l'équipement des sites, plus de personnes viendront les visiter.

2 Bien que les grottes soient pleines d'art spectaculaire, le public ne peut pas voir les véritables peintures.

3 Cette grotte possède les peintures les plus anciennes trouvées dans le monde.

4 Les peintures souffriront si les grottes sont sur-fréquentées ou si les conditions atmosphériques changent.

5 Je doute que les routes conviennent à l'augmentation de la circulation

5 Answers will vary.

6a Lisez le texte « Les Journées européennes du patrimoine ». Identifiez dans le texte des synonymes pour les expressions suivantes.

1 célèbre
2 lieu
3 construit
4 avenir
5 thème
6 générations
7 contemporaine
8 protégé
9 constituer
10 bonus

6b Écrivez vos réponses aux questions en français en utilisant vos propres mots.

Suggested answers

1 La visite de nombreux monuments, églises et châteaux est gratuite pour tout le monde / on est autorisé à visiter des lieux qui sont habituellement fermés au public.

2 Chaque année, le thème est différent.

3 *Any two of*: présenter au public le processus de « patrimonialisation » / aider les gens à comprendre l'architecture contemporaine et son intégration dans un environnement / offrir l'occasion d'examiner la qualité architecturale et urbaine.

6c Traduisez en anglais les deux derniers paragraphes du texte.

Suggested answer

In 2015, the theme was 'Heritage of the 21st century, a history of the future', the idea of which was to present to the public the process of 'heritage-isation' considered from the perspective of a historical continuum in which the latest creations form the heritage of future generations.

By helping people to understand contemporary architecture and its integration into an environment which may or may not be protected as a historical monument, the theme provides the opportunity to examine architectural and urban quality / value, which the Ministry of Culture and Communication must protect.

7 Answers will vary.

8 Remplissez les blancs avec le bon mot de la liste.

1 hérite
2 hérités
3 transmis
4 culturel
5 ancêtres
6 musées
7 célèbres
8 littéraires
9 patrimoine
10 anciennes
11 décide
12 œuvre

9 Mettez les mots dans le bon ordre pour reconstituer les phrases.

1 Le patrimoine est tout ce qui fait la richesse d'un pays.

2 La sur-fréquentation menace l'existence physique de certains monuments.

3 C'est l'un des monuments les plus célèbres au monde.

4 Bien que manger soit un besoin vital, la gastronomie est bien plus que ça.

5 Le repas gastronomique français renforce les liens sociaux.

6 Tout ce dont on a besoin de nos jours doit être rapidement accessible.

10 Answers will vary.

5 La musique francophone contemporaine

Pour commencer (pp88–89)

1 Answers will vary.

2 Reliez les mots ou les phrases (1–8) aux définitions (a–h).

A 1f 2h 3e 4c 5g 6a 7d 8b

3 Trouvez la bonne date qui correspond aux débuts de la popularité en France de ces tendances musicales. Vous pouvez comparer, vérifier et discuter avec un(e) partenaire.

1c 2f 3d 4h 5b 6a 7e 8g

4 Answers will vary.

5 Answers will vary.

5.1 A: La diversité de la musique francophone contemporaine (pp90–91)

1 Trouvez l'intrus dans chaque liste ci-dessous. Expliquez votre choix.

1 groupe (les autres sont des personnes individuelles)

2 guitariste (la seule personne)

3 concert (les autres sont tous des instruments)

4 polar (ce n'est pas un genre de musique, c'est un genre de film ou de roman)

2a Écoutez cinq personnes qui parlent de la musique qu'ils préfèrent. Identifiez le genre de musique préféré de chaque personne.

1 le RnB

2 le rap

3 pas de préférence

4 la musique électro et la musique techno

5 le rock contemporain

2b Pourquoi la musique est-elle importante pour chaque personne (ou quels sont les aspects de la musique les plus importants pour chaque personne)? Répondez en français.

Suggested answers

1 La musique l'aide à se détendre après le stress du travail scolaire.

2 Il trouve les paroles parlantes.

3 La musique lui apporte beaucoup de plaisir et lui remonte le moral.

4 C'est la musique qui fait bouger les gens.

5 C'est l'ambiance aux concerts qu'il préfère.

Transcript

1 Je ne suis pas vraiment fana de musique rock contemporaine. Je préfère écouter le RnB et j'adore aller aux concerts. La musique est importante pour moi car elle m'aide à me détendre quand je suis stressée par le travail scolaire.

2 Mon frère aime le RnB lui aussi mais moi c'est le rap qui m'intéresse le plus. Ce sont les paroles et leur poésie qui abordent les thèmes modernes que je trouve si parlantes.

3 J'aime toutes sortes de musique et je n'ai pas vraiment de préférence. Je ne peux pas imaginer vivre sans musique. Ça me divertit et me donne tant de plaisir quand je suis de mauvaise humeur.

4 J'adore la musique électro et la musique techno aussi. Ces genres de musiques sont parfaits quand on veut tout simplement sortir danser avec des copains. Quand on s'amuse, c'est la musique qui fait bouger qui est importante.

5 Je n'aime ni la musique rap ni le RnB. Pour moi c'est le rock contemporain, surtout en live. Pour moi c'est l'ambiance créée dans un grand hall de concert ou dans un stade quand un de mes groupes préférés jouent leur musique qui est importante.

3a Lisez le texte et trouvez les synonymes ou les équivalents des mots suivants.

1 ère

2 succès

3 franchiront

4 notoriété

5 échelle

6 en même temps

3b Répondez aux questions suivantes en français. Essayez d'utiliser vos propres mots.

Suggested answers

1 des jeunes hommes d'une vingtaine d'années

2 à Paris ou à Bordeaux

3 trois instruments: guitare, basse, batterie

4   un clavier, pour créer un son qui fait référence à des groupes de rock plus anciens

5   C'est une sorte d'hommage à des groupes du passé.

4 Traduisez en français.

Suggested answers

1   Quelle sorte de musique préfèrent vos parents?

2   Combien est-ce qu'il faut payer (pour) un billet de concert typique?

3   Pourquoi est-ce que beaucoup de jeunes téléchargent de la musique?

4   Avec qui partagez-vous vos goûts musicaux?

5   Quel genre / style de musique / Quelle sorte de musique écoutez-vous quand vous voulez vous détendre / vous relaxer / vous décontracter?

6   Que faites-vous pour vous détendre le soir?

7   Le rock ou le jazz, lequel préférez-vous?

8   Où pouvons-nous aller ce soir?

5 Traduisez en anglais.

Suggested answer

I must admit that music is at the heart of my daily activity. It is, for me, a source of pleasure, entertainment, escape and a means of socialising. Music represents a new way of living and I make the most of it to show and affirm my personality. In fact, for my friends and me, music has become a way to set ourselves apart from the previous generation. The originality of styles makes a break from the musical tastes of our parents.

6a Answers will vary.

6b Answers will vary.

5.1 B: La diversité de la musique francophone contemporaine (pp92–93)

1 Lisez le texte et complétez les phrases en choisissant le bon mot dans la liste. Attention! Vous n'aurez pas besoin de tous les mots.

1	phénomène	5	entendre
2	compétitrice	6	veut
3	single	7	début
4	jouer	8	possède

2a Écoutez le reportage intitulé « Au-delà de l'Hexagone » et trouvez l'équivalent en français pour les phrases ci-dessous.

1   au-delà des frontières nationales de l'Hexagone

2   la scène musicale francophone

3   une réussite primordiale

4   afin de produire

5   fortement inspiré(e) par

6   n'oublions pas

7   particulièrement populaire

8   parmi les jeunes

9   ainsi que

10   la musique préférée

11   proche de la musique européenne

12   un mélange intéressant

2b Réécoutez la première partie du reportage. Notez les informations suivantes.

Suggested answers

•   Les membres de Chinatown sont d'origine canadienne; les membres de Suarez viennent de la Belgique et de Madagascar; et Amadou et Mariam viennent du Mali.

•   Les membres de Chinatown ont eu leur premier succès en 2007, Suarez en 2011, et Amadou et Mariam en 1998.

•   Les membres de Chinatown produisent / jouent de la musique rock; les membres de Suarez produisent / jouent de la musique folk ethnique juxtaposée avec des voix françaises; Amadou et Mariam produisent un mélange de rock traditionnel avec des instruments cubains, syriens, indiens et égyptiens.

2c Réécoutez la deuxième partie du reportage et complétez les phrases.

1 b   2 a   3 c   4 b   5 a   6 a

Transcript

Première Partie

—   La musique francophone contemporaine règne aussi au-delà des frontières nationales de l'Hexagone. Au Canada le rock est dominé entre autres par des groupes comme *Chinatown* dont les cinq membres viennent tous de Montréal et contribuent à la scène musicale francophone canadienne depuis 2007.

—   En Belgique, c'est le groupe *Suarez* qui connaît une réussite primordiale depuis 2011. Au moins trois membres de ce groupe viennent de Madagascar tandis que les autres sont d'origine belge. Leur musique juxtapose le folk ethnique avec des voix françaises afin de produire une musique fortement inspirée par le pop, le rock et la tradition musicale malgache.

— Et puis, n'oublions pas ce couple aveugle depuis l'enfance, *Amadou et Mariam*, qui viennent du Mali et qui sont connus hors d'Afrique depuis 1998 pour leur réussite musicale. Ils produisent ensemble une musique qui est essentiellement un mélange de rock traditionnel avec des instruments cubains, syriens, indiens et même égyptiens.

Deuxième Partie

— La Martinique et la Guadeloupe ont leur propre musique aussi qu'on appelle le zouk et qui est inspirée par la tradition haïtienne et la langue créole – une musique particulièrement populaire parmi les jeunes au Québec ainsi que dans les pays africains francophones.

— Aux Antilles le hip-hop demeure la musique préférée des jeunes, mais à la Réunion c'est le séga – un style de musique proche de la musique européenne avec des rythmes africains. En Algérie c'est la musique raï des années 1920 qui domine, modernisée avec des synthétiseurs et par des influences funk et rock qui créent un mélange intéressant de musique à la fois rurale et urbaine.

3 Traduisez en français.

1 Allumons / Mettons la radio.

2 Lisez / Lis attentivement les instructions.

3 Faites / Fais attention! / Prenez / Prends garde!

4 Choisissez / Choisis la bonne réponse.

5 Réécoutons ce reportage.

6 Ne perdez pas / Ne perds pas les billets!

4 Answers will vary.

5.2 A: Qui écoute et apprécie la musique francophone contemporaine? (pp94–95)

1a Lisez le texte et répondez aux questions en français en utilisant vos propres mots.

> **Suggested answers**
>
> 1 Il pense que les jeunes / gens naissent avec un désir naturel pour la musique.
>
> 2 Elle ne pense pas qu'elle puisse passer une seule journée sans musique.
>
> 3 Les plus grands consommateurs de musique sont les jeunes de 15–25 ans.
>
> 4 Il est rare de nos jours de trouver un enfant de 7–8 ans qui ne sait pas le nom de ses groupes, de ses chanteurs ou de ses chanteuses préférés.

1b Relisez le texte et indiquez les quatre phrases où on utilise le subjonctif.

Je ne pense pas que je **puisse** passer une seule journée sans musique.

De nos jours, bien qu'ils n'**aient** pas d'opinions fixes sur les choses majeures de la vie…

Quoiqu'ils **soient** de nature des individus et qu'ils **fassent** presque tout pour se montrer uniques…

Il faut qu'on se **rende** compte de ça.

1c Traduisez les phrases de la question 1b en anglais.

> **Suggested answers**
>
> I don't think I could spend a single day without music.
>
> Nowadays, although they have no fixed opinions about the major things in life…
>
> Although they are naturally / by nature individual(s) and they do almost anything to demonstrate their uniqueness / to show that they are unique…
>
> It is necessary to / We need to be aware of that.

2 Écoutez ces quatre jeunes. Indiquez si leur opinion de la musique est positive (P), négative (N), ou positive et négative (P+N).

1 P   2 P+N   3 N   4 P

> **Transcript**
>
> Anne-Laure
>
> — J'aime ma solitude. Je n'aime pas sortir en groupe. La musique est ma meilleure amie. Avec mon lecteur MP3 j'ai tout ce qui m'est nécessaire.
>
> Thomas
>
> — De temps en temps j'en ai marre de la musique – ce bruit constant dans ma vie… Mais en général c'est un bon moyen de passer les heures libres.
>
> Yasmine
>
> — Moi, je ne peux pas supporter ces chanteurs et ces chanteuses avec leurs voix aiguës. Dans ma vie c'est le silence qui règne.
>
> Laurent
>
> — Comment peut-on vivre sans musique? Toute vie a besoin d'une bande sonore.

3a Écoutez ces deux adolescents qui parlent de musique. Réécoutez le témoignage de Luc, puis répondez aux questions en français.

1 Ils passent en moyenne deux heures par jour à écouter de la musique.

2 Ils ont (tous) entre 15 et 17 ans.

3 On dit qu'ils ont le cerveau formaté pour l'écoute musicale.

3b Résumez ce que dit Bernadette au sujet des jeunes et de la musique. Vous devez mentionner les points suivants, en essayant d'utiliser vos propres mots.

Suggested answers

- Au moins (les) trois quarts des jeunes / lycéens de sa classe écoutent de la musique chaque jour / quotidiennement.
- Ils accèdent à la musique sur ordinateur ou sur leur portable.
- Les fichiers de musique permettent (aux jeunes) de garder les meilleures chansons de leurs groupes favoris / préférés et de les partager entre eux (à volonté).

Transcript

Première partie: Luc

— Mes copains et moi passons en moyenne deux heures par jour à écouter de la musique. Nous avons tous entre 15 et 17 ans. On dit que, nous les jeunes du nouveau siècle, nous avons le cerveau formaté pour l'écoute musicale. La musique représente une partie importante, même nécessaire, de notre nature adolescente.

Deuxième partie: Bernadette

— Pour nous aussi c'est à peu près la même histoire. La musique est une passion et au moins les trois quarts des jeunes de ma classe au lycée accèdent à la musique quotidiennement – surtout sur ordinateurs ou portables. Nous pouvons y garder les meilleures chansons de nos groupes favoris en fichier pour ensuite les partager entre nous à volonté.

4 Answers will vary.

5 Traduisez en anglais ce texte du livre « Nana » par Émile Zola, qui décrit une salle de théâtre avant le début d'un concert vers la fin du 19e siècle.

Suggested answer

It was nine o'clock and the hall of the Variety Theatre / Théâtre des Variétés was still quite empty. Some / A few people, in the balcony / circle and in the stalls were waiting, lost among the velvet seats, in the dim light of the chandeliers. A grey shadow lay across the big patch of red formed by the curtain; and not a (single) sound came from the stage. From the third gallery, one / you could hear calls / cries and laughter, and one / you could see heads, in bonnets or caps, in rows one above the other in the wide round bays, framed in gold. From time to time / Occasionally, an usherette appeared, concert tickets in (her) hand, directing in front of her a gentleman and a lady, the man in a black suit and the woman, slim and pretty, in a long dress.

6 Answers will vary.

5.2 B: Qui écoute et apprécie la musique francophone contemporaine? (pp96–97)

1a Lisez le texte et trouvez l'équivalent de ces mots et de ces expressions.

1	promouvoir	**5**	complètement
2	rempli	**6**	visiblement
3	débuté	**7**	à maintes reprises
4	avait tout investi	**8**	mobile

1b Indiquez les quatre phrases qui sont vraies dans la liste ci-dessous.

The four true statements are: 1, 4, 5, 7

1c Trouvez dans le texte ces mots et ces phrases en français.

1 l'amour de la chanson française
2 dans le cadre de
3 décors
4 grandiose
5 ému(e)
6 répétitions
7 comme un ange
8 à la folie

2 Traduisez en français.

1 À mon avis, le concert était spectaculaire.
2 Pour moi, Cœur de Pirate a une voix d'ange.
3 D'après moi, le spectacle était une réussite totale.
4 Il me semble que Cœur de Pirate a fait un gros effort / a tout investi dans sa tournée.
5 Je pense qu'elle était contente de retourner / d'être de retour à Montréal.

3a Écoutez ce reportage sur l'enregistrement des pistes de musique. Choisissez la bonne réponse pour compléter les phrases.

1 a 2 b 3 a 4 b

3b Répondez aux questions en utilisant vos propres mots.

Suggested answers

1 parce que c'est la façon dont une piste est enregistrée, mixée et montée qui fait une différence considérable au niveau du succès d'un disque
2 Ils peuvent enregistrer plusieurs albums à la fois avec le matériel qu'ils ont acheté eux-mêmes.
3 On améliore le son une dernière fois après l'enregistrement et le mixage.

Transcript

La façon dont une piste est enregistrée, mixée et montée peut faire une différence considérable au niveau du succès d'un disque. Le choix d'un producteur de studio est donc une décision importante pour chaque artiste ou pour chaque groupe. Il est également important d'engager un ingénieur du son / mixeur pour faire le mixage définitif de la piste. Avec le temps, le matériel d'enregistrement devient de moins en moins coûteux et c'est pourquoi de nombreux artistes achètent leur matériel et installent leur propre studio d'enregistrement plutôt que d'en louer un. Il existe des exemples d'enregistrements phénoménaux qui ont été produits dans la chambre d'artistes à l'aide d'un matériel d'enregistrement plutôt bon marché. Cela permet également à l'artiste ou au groupe d'enregistrer plusieurs albums une fois le matériel acheté, ce qui leur permet de réaliser des économies importantes sur les frais d'enregistrement. La dernière étape dans la production d'un enregistrement est connue sous le nom de « remastérisation » et elle consiste à prendre l'enregistrement fini et mixé et d'en améliorer le son avant la fabrication.

4 Answers will vary.

5 Answers will vary.

6 Answers will vary.

5.3 A: Comment sauvegarder la musique francophone contemporaine? (pp98–99)

1a Lisez le texte et complétez les phrases.

1 a   2 b   3 b   4 a

1b Répondez aux questions en français, en utilisant vos propres mots.

Suggested answers

1   Les jeunes sont particulièrement vulnérables dans le domaine des goûts musicaux puisqu'ils sont continuellement bombardés par des influences étrangères.

2   La France utilise l'imposition de quotas quant à la diffusion pour combattre le danger.

3   La politique adoptée s'appelle « l'exception française ».

4   Ce sont les heures de la journée qui attirent l'audience la plus grande.

5   Ils ont droit à 60% de la programmation.

1c Traduisez en anglais les cinq questions posées dans le dernier paragraphe du texte.

Suggested answers

But, at the end of the day / when all is said and done, isn't music global and without frontiers / borders?

Isn't its aim to bring together and unite people regardless of their nationality?

Does francophone music really need to be protected by bureaucrats, to be put in a glass cage?

Does it have to be isolated from the rest of the world in order to survive and remain strong?

Exposed to constant comparisons with other cultures, would it not be enriched and thus allowed to develop and adapt to our diverse and constantly changing lives?

1d Expliquez à l'écrit ce que veulent dire ces phrases. Travaillez avec un(e) partenaire pour comparer et perfectionner vos réponses ensemble.

Suggested answers

1   les idées qui viennent de sources fortement diverses

2   la variété ou la pluralité qui viennent des origines géographiques, religieuses ou socio-ethniques différentes

3   une industrie largement influencée par la culture et les habitudes américaines

4   l'identité unique d'un pays

5   le choix habituel d'activités qui ont généralement un rapport avec les arts, ou les activités généralement associées aux personnes qui partagent une identité nationale, géographique, religieuse ou socio-ethnique spécifique

2 Answers will vary.

3 Answers will vary.

4 Écoutez ces jeunes qui discutent le téléchargement de la musique. Choisissez la bonne réponse pour compléter les phrases.

1 b   2 a   3 a   4 b   5 a   6 c

Transcript

Delphine

— Je trouve que la technologie simplifie ma vie et le téléchargement de musique, en dépit des problèmes, est rapide et pratique. Cela permet de sauvegarder en MP3 une quantité énorme de musique et en ce moment j'ai plus de 300 fichiers MP3 stockés sur mon disque dur d'ordinateur.

Salif

— C'est vrai… c'est pratique… et on vient de me raconter que plus de 60% de nous les Français avons adopté la musique numérique pour remplacer l'achat des CD. Je ne me rappelle plus de la dernière fois où j'ai, en personne, acheté un CD.

Sophie

— Mais est-ce que vous ne vous rendez pas compte de la menace représentée par le téléchargement illégal? J'aime la technologie, moi aussi, et j'écoute la radio en ligne par GSM tous les jours – mais je me méfie aussi de cette technologie.

Alexandre

— Si tu t'inquiètes, tu n'as qu'à accéder à ta musique préférée par streaming autorisé, ma chère amie. Il y a des dizaines de sites web où on peut écouter de la musique légalement et sans payer trop. Cela sauvegardera les artistes… et leur industrie.

5 Answers will vary.

5.3 B: Comment sauvegarder la musique francophone contemporaine? (pp100–101)

1a Lisez le texte et complétez les phrases.

1 a 2 b 3 b 4 a 5 b

1b Answers will vary.

2 Answers will vary.

3a Écoutez cette interview avec quatre jeunes. Pour une attitude positive, notez P. Pour une attitude négative, notez N. Pour une attitude positive et négative, notez P+N.

1 N 2 P+N 3 P+N 4 P

Transcript

— Est-ce que vous pensez que la musique est en déclin? Aline…?

— Pour moi il n'y a rien de nouveau. Chaque fois que j'écoute la radio c'est toujours les mêmes textes et les refrains monotones.

— Et vous, Maurice?

— Je suis largement du même avis, mais quand même il y a quelques groupes qui font des compositions qui tiendront dans le temps.

— Et vous, Louis, qu'en dites-vous?

— Je trouve que la musique est toujours en évolution en dépit des textes banals. La musique aura toujours ses moments de réussite et ses moments d'échec.

— Esmé? Quel est ton avis ?

— La musique a toujours été provocatrice. C'est révolutionnaire. C'est notre culture à nous. C'est notre expression personnelle. C'est quelque chose de sans pareil!

3b On a aussi demandé à ces jeunes: « Comment peut-on sauvegarder une musique francophone de qualité? » Traduisez leurs réponses en anglais.

Suggested answers

Aline: We would have to organise musical composition competitions and offer monetary prizes to stimulate and reward creativity.

Maurice: Music festivals offer a marvellous opportunity to showcase new talent. That's where energy ought to be concentrated.

Louis: New musicians could study the great musical successes of the past to find inspiration there.

Esmé: Everything that promotes talent is good, in my opinion. We would be wrong to forget that without talent, after all, a formal or informal musical education has no value at all / is not worth anything.

Résumé: Démontrez ce que vous avez appris! (p102)

1 Reliez les synonymes.

1 d 2 p 3 f 4 n 5 i 6 o 7 e 8 j 9 q 10 h
11 b 12 a 13 k 14 g 15 m 16 c

2 Traduisez en français.

Suggested answers

1   Le gouvernement pourrait aider les artistes-musiciens en leur offrant des subventions.

2   Je ne suis pas convaincu(e) que la musique française soit vraiment appréciée en dehors / au-delà des pays francophones.

3   Tous les jeunes musiciens voudraient gagner un prix prestigieux pour leur musique.

4   Bien qu'/ Quoiqu'il y ait plusieurs avantages à la technologie moderne, elle peut poser une vraie menace au monde musical / de la musique.

5   Nous devrions encourager plus souvent les talents musicaux parmi les jeunes.

6   Je ne pense pas que le gouvernement français en fasse assez pour aider les nouveaux musiciens.

3 Écoutez cinq personnes qui discutent des festivals de musique. Notez vos réponses de 1 à 5. Pour une attitude positive, notez P. Pour une attitude négative, notez N. Pour une attitude positive et négative, notez P+N.

1 P   2 N   3 P   4 P+N   5 P

Transcript

1   Je suis vraiment fana des festivals. L'ambiance y est superbe.

2   Moi, je n'aime pas tellement écouter de la musique en direct.

3   Pour moi ce sont les festivals qui donnent le plus d'opportunités aux nouveaux talents.

4   Je ne suis pas convaincu. Certes, on voit de vraies réussites aux festivals mais on y voit aussi de vrais désastres.

5   Tu parles! Quoi de mieux que de pouvoir voir et écouter ses chanteurs préférés en scène et en plein air?

4 Answers will vary.

Résumé: Testez-vous! (pp103–105)

1a Lisez le texte. Trouvez l'équivalent des mots ci-dessous.

1   remise
2   décernés
3   au cours de
4   envoyés
5   notamment
6   remporté
7   ont rendu hommage
8   tubes

1b Complétez les phrases avec les mots de la liste ci-dessous. Attention! Vous n'avez pas besoin de tous les mots.

1   annuellement
2   trophées
3   Césars
4   en direct
5   30 ans

1c Pour chaque phrase, écrivez: V (vrai), F (faux) ou ND (information non-donnée).

1 F   2 F   3 V   4 ND   5 V   6 F

1d Traduisez en anglais le dernier paragraphe du texte. (« La 30e cérémonie… visiblement ravis. »)

Suggested answer

The 30th ceremony of the Victoires de la Musique in 2015 (broadcast live from the Zénith hall in Paris) crowned a new generation of French music… without forgetting the contributions of the past. Christine and the Queens (26 years old) and Julien Doré (32 years old and former contestant on *La Nouvelle Star*) won the titles in their respective categories of best female performer and best male performer of the year, but a special prize, the prize for (contributions to) 30 years of electronic music, was received by David Guetta. Les Victoires paid tribute to the French electro scene with a short film retracing three decades of 'French touch' / French house music, and the artist himself was also on stage to perform a medley of several of his hits for the 6,000 spectators who were lucky enough to be there and who were visibly delighted.

2a Answers will vary.

2b Traduisez en français.

Suggested answer

Il y a beaucoup de festivals dans le monde francophone qui célèbrent la musique. On estime qu'ils attirent environ plusieurs millions de spectateurs chaque année. Les festivals les plus célèbres ont lieu en France et au Canada au printemps ou pendant les mois d'été afin d'attirer le plus grand nombre de spectateurs. Ces festivals encouragent et promeuvent les nouveaux talents musicaux et présentent les artistes bien connus ainsi que des figures montantes. Quelquefois l'entrée à ces festivals est gratuite.

3a Écoutez le reportage. Complétez les phrases avec la bonne réponse.

1 c   2 a   3 b   4 a   5 b

3b Réécoutez le reportage et notez les trois phrases vraies.

The three true statements are: 2, 3, 5

3c Écrivez vos réponses aux questions en français en utilisant vos propres mots. Il n'est pas toujours nécessaire de faire des phrases complètes.

Suggested answers

1   On organise ce festival à Montréal.
2   C'est un concours de talent musical pour les nouveaux artistes.
3   Trois candidats seront sélectionnés.
4   Le spectacle durera une heure / soixante minutes.
5   Le spectacle aura lieu sur une scène (à l') extérieur(e) de la prochaine édition du festival.

Fidèles à leur mission de faire la promotion et la diffusion de la musique d'expression française et d'être une rampe de lancement pour les jeunes artistes, les FrancoFolies de Montréal ont mis sur pied un concours qui mettra l'accent sur la créativité des nouveaux auteurs-compositeurs-interprètes.

Depuis le 23 mars, ces derniers peuvent envoyer une démo de trois chansons. Ensuite un jury sélectionnera une trentaine de candidats qui seront invités à auditionner le 17 mai prochain. Lors de l'audition, les trois candidats qui auront conquis le cœur des juges se rendront directement à la grande finale, qui se tiendra le 20 juin.

Mieux encore, le grand gagnant de cette grande finale aura la chance d'offrir un spectacle solo de 60 minutes sur une scène extérieure de la prochaine l'édition des FrancoFolies et d'être suivi pendant l'année par des mentors et professionnels de l'industrie qui l'aideront à la préparation.

4 Lisez l'interview sur le piratage. Écrivez vos réponses aux questions en français. Il n'est pas toujours nécessaire de faire des phrases complètes.

Suggested answers

1   Ce reportage aborde le problème de la musique qui apparaît illégalement en ligne.
2   Il est le porte-parole de l'industrie de la musique française.
3   Les ingénieurs et les internes ont accès au matériel pendant son enregistrement.
4   Ils sont déposés dans des entrepôts.
5   Ils obtiennent des exemplaires des albums destinés à la presse musicale.

5   Answers will vary.

6   Answers will vary.

6 Le septième art

Pour commencer (pp108–109)

1   Écoutez le reportage. Répondez aux questions en essayant d'utiliser vos propres mots.

Suggested answers

1   En 1995 le cinéma a célébré / fêté ses cent ans / son centième anniversaire.
2   La qualité des films français est une réussite nationale.
3   Les cinéphiles du monde entier connaissent les films français.

4   Les acteurs et les actrices français sont aussi bien connus dans le monde / Ils ont un talent prodigieux reconnu mondialement / Ils capturent et captivent les audiences partout dans le monde.
5   Les frères Lumière ont inventé le Cinématographe dans leur usine à Lyon.

Transcript

C'est en 1995 que le cinéma a fêté ses cent ans. Comme divertissement il est devenu un des passe-temps favoris du grand public et la qualité des films produits dans l'Hexagone demeure l'une des plus grandes réussites nationales qui attire les louanges des cinéphiles partout, et bien au-delà des frontières françaises. Les comédiens et les comédiennes, eux aussi, ont établi leur place sur une échelle globale captant et captivant les audiences du cinéma mondial avec leur talent prodigieux. Il faut être éternellement reconnaissant à Louis et Auguste Lumière et l'invention du Cinématographe dans leur usine à Lyon, sans lequel le septième art n'aurait jamais vu le jour.

2   Answers will vary.

3   Considérez ces chiffres et notez si les phrases sont vraies (V) ou fausses (F).

1 F   2 V   3 V   4 F   5 V

4   Reliez les définitions 1–8 aux mots a–h. Travaillez avec un(e) partenaire pour vérifier vos réponses.

1 g   2 c   3 f   4 b   5 a   6 h   7 d   8 e

5   Faites des recherches si nécessaire et mettez ces noms du monde cinématographique français dans les bonnes catégories. Quelques noms peuvent appartenir à plus d'une catégorie.

acteur / comédien	actrice / comédienne	réalisateur	réalisatrice
Mathieu Kassovitz	Coline Serreau	Mathieu Kassovitz	Coline Serreau
Omar Sy	Juliette Binoche	François Truffaut	Roselyne Bosch
François Truffaut	Catherine Deneuve	Louis Malle	Agnès Varda
Jean Reno	Mélanie Laurent	Cédric Klapisch	
Gad Elmaleh	Audrey Tautou	Dany Boon	
Dany Boon		Laurent Cantet	
Jean-Pierre Léaud		Daniel Auteuil	
François Cluzet			
Daniel Auteuil			
Romain Duris			

6.1 A: Pourquoi le septième art? (pp110–111)

1a Lisez le texte et notez si les phrases sont vraies (V) ou fausses (F).

1 F   2 V   3 V   4 F   5 F

1b Corrigez les phrases de l'activité 1a qui sont fausses.

> **Suggested answers**
>
> Corrections are shown in italics:
>
> 1   Ce sont les anciens *Grecs* qui proposaient six catégories d'art.
> 4   La musique est l'un des trois arts *rythmiques*.
> 5   C'est surtout en *France* que le cinéma est connu sous le nom du septième art.

2 Écoutez les cinq personnes qui parlent du cinéma. Quels aspects du cinéma sont les plus attirants pour chaque personne (et pourquoi)? Écrivez vos réponses en essayant d'utiliser vos propres mots.

> **Suggested answers**
>
> 1   Annette aime le spectacle (des films d'aventure ou fantastiques) car elle trouve les images géantes éblouissantes et inoubliables.
> 2   Henri aime les bandes sonores mémorables car cela provoque de fortes émotions en lui.
> 3   Julie aime les beaux acteurs qui jouent des rôles de héros. Les gens ordinaires n'arrivent pas à leur mesure.
> 4   Saïd aime les effets spéciaux dans les films de science-fiction, c'est son genre préféré.
> 5   Julien n'aime pas le cinéma et n'aime pas les films non plus. Il préfère le sport (surtout le foot).

> **Transcript**
>
> Annette
>
> —   Pour moi, le cinéma c'est surtout le spectacle des films d'aventures ou fantastiques. Les images géantes sur le grand écran sont éblouissantes et inoubliables.
>
> Henri
>
> —   Ce que je trouve impressionnant c'est une bande sonore mémorable car cela suscite et provoque des émotions fortes en moi.
>
> Julie
>
> —   Pour moi ce sont les beaux acteurs dans des rôles de héros vus en grand au cinéma. Les gens ordinaires ne peuvent jamais être à leur mesure.

> Saïd
>
> —   Un film de science-fiction avec de grandes batailles dans l'espace accompagnées d'effets spéciaux magnifiques. C'est ce qui m'attire le plus car j'adore ce genre de film.
>
> Julien
>
> —   Je ne suis pas fana du cinéma, ni des films en général. Je trouve tout ça barbant. Je préfère une vie active pleine de sport – surtout de foot.

3 Traduisez en français.

> **Suggested answers**
>
> 1   Je préfère regarder les films sur le grand écran d'un cinéma plutôt qu'à la maison / chez moi à la télé.
> 2   Une bonne bande sonore aide à transmettre les messages émotionnels d'un film.
> 3   Le nombre de spectateurs de cinéma continue à augmenter chaque année / annuellement.
> 4   Je viens de voir un nouveau film d'horreur. C'était terrifiant.
> 5   Beaucoup d'actrices rêvent de gagner un prix pour leur rôle dans un film.
> 6   Après avoir vu ce film deux fois maintenant, je dirais sans hésitation qu'il est excellent.

4a Lisez l'article sur le Ciné Cité les Halles à Paris et trouvez les synonymes ou les expressions équivalentes dans le texte.

1   est situé
2   la variété
3   par an
4   cinéphiles
5   orienté vers
6   illimité
7   au-dessus de
8   au deuxième rang

4b Écrivez vos réponses aux questions suivantes en français.

> **Suggested answers**
>
> 1   Il se trouve au Forum des Halles dans le premier arrondissement de Paris.
> 2   On peut y voir des films 7 jours sur 7 et 365 jours par an.
> 3   C'est une voie souterraine (au Forum des Halles) où on trouve le Forum des images, la Bibliothèque de cinéma François Truffaut et le Ciné Cité les Halles.
> 4   On organise des événements orientés vers le monde du cinéma.
> 5   Il faut payer 35€.

4c Traduisez le dernier paragraphe du texte en anglais.

> **Suggested answer**
>
> The General Cinematographic Union (now simply UGC) was created in 1971 following a merger of several regional cinema companies. It has 45 sites and 488 screens situated in three countries (France, Belgium and Spain). Ticket sales are above 65 million annually, (a fact) which puts this company in second place in Europe just behind Odeon UCI.

5a Answer will vary.

5b Answer will vary.

6.1 B: Pourquoi le septième art? (pp112–113)

1a Lisez le texte et indiquez si, selon le premier paragraphe, les phrases suivantes sont vraies (V) ou fausses (F) ou si l'information est non-donnée (ND).

1 V   2 ND   3 F   4 F   5 V

1b Answer will vary.

2 Écoutez deux cinéphiles qui parlent du rôle de l'acteur. Répondez aux questions suivantes. Essayez d'utiliser vos propres mots.

> **Suggested answers**
>
> 1   Il interprète bien son rôle, il comprend le personnage qu'il joue, il capture la façon de bouger et les traits de personnalité du personnage de façon convaincante, il est talentueux, il est plein de ressources.
>
> 2   Il est crédible et à la hauteur de son travail, il comprend la nature humaine, il est captivant, il est engagé (à perfectionner sa technique), il est confiant.

Transcript

Première personne

— Pour moi, un bon acteur est quelqu'un qui interprète bien son rôle. Il comprend le personnage et capture sa façon de bouger ainsi que ses traits de personnalité de façon convaincante. Un bon acteur doit être talentueux et plein de ressources.

Deuxième personne

— Le plus important c'est d'être crédible et à la hauteur de son travail. Il faut qu'un bon acteur comprenne la nature humaine afin de transmettre les émotions appropriées de son rôle. Il doit être captivant et en même temps engagé à perfectionner sa technique. N'oublions pas que la confiance est importante aussi.

3 Écoutez ces deux autres cinéphiles qui parlent des qualités d'un bon film et répondez aux questions suivantes en français.

> **Suggested answers**
>
> 1   Il faut avoir un script bien écrit, un scénario intrigant (ou complexe mais pas ambigu), une fin imprévisible, des scènes mémorables; les acteurs / actrices doivent être talentueux.
>
> 2   Le film ne doit pas avoir trop d'effets spéciaux, il ne doit pas avoir trop de trucages numériques; le film doit être intéressant / pertinent (et crédible), le casting doit être bon, l'interprétation des rôles doit être de bonne qualité.

Transcript

Première personne

— Un bon film est un film avec un script bien écrit et un scénario intrigant, complexe mais pas ambigu. Il faut qu'il y ait une fin imprévisible et des scènes mémorables. Les acteurs et les actrices doivent être talentueux.

Deuxième personne

— À mon avis, un bon film est un film sans trop d'effets spéciaux et sans trop de trucages numériques. Le film doit être intéressant et crédible avec un casting bien choisi et une interprétation des rôles de qualité.

4 Answers will vary.

5a Écoutez ce critique qui parle d'une nouvelle adaptation cinématographique du livre *Le Petit Prince*. Écoutez encore la première partie et complétez les blancs avec les mots dans la liste. Attention! Vous n'avez pas besoin de tous les mots.

1   ambition   4   un budget
2   un mélange   5   leur voix
3   un contraste   6   certaine

5b Écoutez encore la deuxième partie et résumez ce que dit le critique.

Transcript

Première partie

— C'est un film particulièrement ambitieux avec son animation en 3D, qui représente le monde de la petite fille qui va rencontrer le Petit Prince, en contraste avec le stop motion, qui accompagne le récit de son voisin l'aviateur. C'est une méthode choisie pour mieux représenter les différences entre le réel et l'imaginaire. Son budget était de 60 millions d'euros et son casting réunit des voix françaises très célèbres. Mais le film est-il réussi? J'hésite un peu…

Deuxième partie

— En fin de compte *Le Petit Prince* s'adresse à de jeunes audiences, surtout aux enfants de 8 à 10 ans. Pour moi, malheureusement il n'y a que deux scènes mémorables et la musique est trop bruyante la plupart du temps. J'aurais préféré plus de subtilité et plus de calme surtout dans les moments tendres.

6.2 A: Évolution du cinéma: les grandes lignes (pp114–115)

1 Faites des recherches et complétez l'activité suivante.

Suggested answers

1   Auguste Lumière est né le 19 octobre 1862 à Besançon et il est mort le 10 avril 1954. Louis Lumière est né le 5 octobre 1864 à Besançon et il est mort le 6 juin 1948.

2   Ils ont montré dix courts métrages: *La Sortie de l'Usine Lumière à Lyon*, *Le Jardinier* (*l'Arroseur arrosé*), *Le Débarquement du Congrès de Photographie à Lyon*, *La Voltige*, *La Pêche aux poissons rouges*, *Les Forgerons*, *Le Repas de bébé*, *Le Saut à la couverture*, *La Place des Cordeliers à Lyon*, *La Mer* (*Baignade en mer*).

3   Durée du programme: entre 7 et 8 minutes. (Note that different online sources indicate different times for some of the films, so students' answers will vary depending on which sources they refer to. Each film is around 40–50 seconds long so the total time is 7–8 minutes.)

4   Paris, Bruxelles, Bombay, Londres, Montréal, New York et Buenos Aires

5   Ils ont dit / pensé que le cinématographe était une invention sans avenir.

2a Lisez le texte et trouvez les équivalents.

1 il voulait
2 fuir
3 prestidigitateur
4 de cette époque
5 sur le territoire français
6 majeure
7 reconnue
8 aujourd'hui

2b Complétez les phrases en essayant d'utiliser vos propres mots.

Suggested answers

1   Thomas Edison voulait monopoliser l'exploitation du cinéma aux États-Unis / du cinéma américain.

2   La police américaine a confisqué les appareils des frères Lumière.

3   En France les frères Lumière avaient trois concurrents.

4   Georges Méliès tournait des films de ses illusions.

5   Ses projections duraient moins d'une minute.

6   Les appareils utilisés par les compagnies de Gaumont et Pathé ressemblaient à l'invention des frères Lumière.

3a Traduisez en anglais.

Suggested answers

1   How about watching a romantic film?

2   If we have time, we will be able to visit the François Truffaut museum.

3   My friend would be delighted if she were to meet her favourite film star.

4   If it were up to me to decide, all my favourite actors would win a César (award).

5   We will not go to the cinema any more if they continue to increase the entrance prices (the cost to get in).

3b Traduisez en français.

Suggested answers

1   Plus de gens iraient au cinéma si c'était moins cher.

2   S'il pleut cet après-midi, nous resterons à la maison pour regarder un film.

3   La qualité des images dans les films s'améliorera aussi si la technologie s'améliore.

4   Si j'avais assez d'argent, j'achèterais tous mes films favoris / préférés.

5   Si on allait voir un film fantastique?

4a Écoutez les six personnes qui parlent des avancements technologiques du cinéma. Ils parlent de quelle technologie? Notez vos réponses de 1 à 6.

1 les larges écrans incurvés de télévision
2 les vidéocassettes
3 le cinéma numérique / la projection numérique

4 le cinéma en 3D

5 les DVD et disques Blu-ray

6 la technologie ultra haute définition

4b Écoutez encore une fois et indiquez si chaque opinion 1–6 est positive (P), négative (N), ou positive et négative (P+N).

1 P 2 P+N 3 P 4 N 5 P 6 P

4c Identifiez les avantages et les inconvénients dont on parle. Essayez d'utiliser vos propres mots.

> **Suggested answers**
>
> 1 Les larges écrans incurvés permettent l'installation d'un cinéma à domicile.
>
> 2 Avec les vidéocassettes on avait libre accès aux films (surtout aux classiques du cinéma) mais la qualité du son et de l'image était mauvaise.
>
> 3 La projection numérique offre une qualité supérieure du son et de l'image.
>
> 4 Les films en 3D lui donnent toujours une migraine.
>
> 5 Les DVD (surtout les disques Blu-ray) permettent de profiter d'une bonne qualité de son et d'image.
>
> 6 La technologie ultra haute définition donne des images encore plus précises avec des couleurs aussi vraies que nature.

> **Transcript**
>
> 1 Ce sont sans doute les larges écrans incurvés de télévision qui représentent pour moi l'avancement le plus important. Cela me permet d'installer un vrai cinéma à domicile.
>
> 2 Je me rappelle bien des années 1980 et des vidéocassettes. Elles donnaient libre accès aux films et aux classiques de cinéma mais la qualité était généralement inférieure à ce que nous avons aujourd'hui. Le son n'était que mono et l'image était restreinte.
>
> 3 J'adore toute technologie qui aide à améliorer la qualité du son et de l'image des films. Je suis de l'avis que la projection numérique est l'avancement le plus important dans le monde du cinéma actuel.
>
> 4 Je dirais que pour moi le cinéma en 3D est décevant. Après avoir regardé un film 3D je sors toujours du cinéma avec une migraine infernale.
>
> 5 Je trouve les DVD, surtout les disques Blu-ray, un avancement superbe. On peut ainsi regarder chez soi des films dont la qualité du son et de l'image sont excellentes.
>
> 6 C'est la technologie Ultra Haute Définition qui est la plus signifiante pour moi. Elle permet de voir chaque détail de l'image de la façon la plus nette et la plus précise possible. On profite d'une résolution supérieure et de couleurs aussi vraies que nature. Cette nouvelle qualité d'image fait vivre une expérience sans précédent.

5 Answers will vary.

6.2 B: Évolution du cinéma: les grandes lignes (pp116–117)

1 Trouvez l'intrus dans chacune de ces listes et justifiez votre choix.

1 spectateur (c'est une personne)

2 pellicule (ce n'est pas une personne associée au cinéma)

3 applaudissement (ce n'est pas un élément d'un film)

4 metteur en scène (ce n'est pas un avancement technologique du cinéma)

5 Molière (ce n'est pas un trophée associé au monde du cinéma)

2a Lisez le texte qui parle du mouvement cinématographique le plus connu en France, et complétez les phrases.

1 b 2 c 3 b 4 b

2b Répondez aux questions en français, en utilisant vos propres mots.

> **Suggested answers**
>
> 1 François Truffaut, Jean-Luc Godard, Claude Chabrol, Éric Rohmer et Jacques Rivette
>
> 2 La « Nouvelle Vague » était composée d'auteurs, d'événements, d'œuvres, d'idées et de conceptions de la mise en scène extrêmement divers.
>
> 3 Ils voulaient renouveler le cinéma français / ils voulaient se démarquer du cinéma de qualité (de la norme).
>
> 4 On a accordé le prix de la mise en scène à François Truffaut pour Les Quatre Cents Coups.
>
> 5 Ils ont préféré soutenir des films plus commerciaux / plus conformes aux critères du grand public.
>
> 6 Ses films sont devenus des films de référence pour les jeunes cinéastes dans le monde.

2c Traduisez en français.

> **Suggested answer**
>
> Dans les années 1950, beaucoup de jeunes réalisateurs avaient envie de / voulaient révolutionner le cinéma français et (de) le libérer du moule des studios. Ils s'intéressaient aux scénarios plus personnels tournés avec des équipes plus réduites et des acteurs inconnus dans des décors plus naturels et réalistes. Le travail / L'œuvre de ces réalisateurs est maintenant connu(e) sous le nom de la « Nouvelle Vague », un phénomène bref / de courte durée dominé par des cinéastes comme François Truffaut et Jean-Luc Godard qui ont tourné leurs premiers longs métrages durant l'hiver et le printemps de 1958–59.

3a Écoutez les trois jeunes qui parlent des comédies de Francis Veber. Répondez aux questions en utilisant vos propres mots.

> **Suggested answers**
>
> 1 Ce sont toujours les mêmes gags physiques, les mêmes situations, les mêmes attitudes et expressions, c'est répétitif, prévisible, l'humour téléphoné – ce n'est pas son genre.
>
> 2 La comédie est sophistiquée, l'humour est dans des dialogues bien écrits et pleins d'esprit, les acteurs sont extraordinaires.
>
> 3 Ce sont toujours les mêmes acteurs / des rôles stéréotypes – sauf Daniel Auteuil, un excellent comédien qui peut s'adapter à plusieurs rôles.

Transcript

1 Prenons *Le Jaguar* par exemple. Ce sont toujours les mêmes gags physiques dans les mêmes situations. Ce n'est vraiment pas mon genre. C'est répétitif, prévisible … l'humour téléphoné avec les mêmes attitudes et les mêmes expressions.

2 Mais *Le Dîner de Cons* est beaucoup plus sophistiqué. C'est une comédie plus intériorisée. L'humour se trouve dans les dialogues bien écrits et pleins d'esprit. À l'occasion il est vrai que c'est l'expression des visages qui est drôle, mais c'est surtout une comédie de mœurs jouée par des acteurs extraordinaires.

3 Je dirais aussi que ce sont toujours les mêmes acteurs dans des rôles stéréotypes, « le sale type », « le gentil », « le beau » et « le crétin » à l'exception de Daniel Auteuil, un excellent comédien qui peut se permettre de passer de « la victime » dans *Le Placard* au « méchant » dans *La Doublure*.

3b Answers will vary.

3c Answers will vary.

4 Traduisez en anglais.

1 Without the invention of the Cinematograph, the history of cinema would have been completely different.

2 I would have gone to see the film but I didn't have (the) time.

3 When my mother / mum had finished her work, she met us in town.

4 I would never have thought about / of that.

5 My dad adores film biographies. He would have loved the film *Mesrine*.

6.3 A: Le cinéma: une passion nationale (pp118–119)

1a Lisez le texte et remplissez les blancs avec les mots de la liste.

1 augmenté   4 franchises

2 continue   5 supplémentaires

3 stéréotypés

1b Traduisez en anglais le dernier paragraphe du texte.

> **Suggested answer**
>
> If these multiplexes leave increasingly less room for intelligent cinema where arthouse / *auteur* films have a very short lifespan in cinemas, there is a genre (of film) that still survives the tidal wave of television, and that is comedy. This is the most profitable genre. It is not particularly expensive to make and it brings in a substantial return. On television, the comic tradition systematically takes the form of sitcoms. Whatever the quality of the episodes (lasting about twenty minutes and with canned laughter), this purely televisual format cannot compete with feature-length films watched / seen in a cinema.

1c Corrigez les phrases suivantes selon l'article.

> **Suggested answers**
>
> 1 Les séries de télévision empruntent le sens de spectacle des films.
>
> 2 Les studios ne tournent plus de films de niche / de films stéréotypés.

3 Le cinéma est menacé par la qualité de la programmation à la télévision.

4 Au cinéma, la plupart des spectateurs sont des adolescents.

5 Au Québec / Au Canada il y a quelques salles de cinéma où on peut prendre un repas / manger en regardant un film.

Si vous préférez vous abonner dans un cinéma, vous pouvez bénéficier de votre carte le Pass immédiatement. L'abonnement est simple et ne prend que quelques minutes. Rendez-vous au stand d'abonnement dans le cinéma de votre choix muni d'une pièce d'identité et une personne de l'équipe d'accueil prendra en charge votre demande. Votre carte vous sera remise sur place et sera utilisable immédiatement.

2 Traduisez en français.

Suggested answers

1 Le cinéma français sera toujours populaire en admettant que la qualité de ses films continue à s'améliorer.

2 L'industrie cinématographique produit des bandes annonces pour des films qui sont passionnantes et intrigantes pour qu'elles puissent capter l'intérêt du public.

3 La fin d'un film reste toujours un secret jusqu'à ce qu'il sorte.

4 Si j'ai assez d'argent, nous pourrons aller voir un film en 3D ce soir.

5 Je regarde toujours un film jusqu'à ce qu'il finisse même s'il est ennuyeux.

3 Écoutez cette publicité pour le Pass Gaumont-Pathé. Faites le résumé de la publicité. Écrivez environ 70 mots et essayez d'utiliser vos propres mots.

Transcript

La popularité du cinéma ne cesse de grandir! En 2008 on comptait 300 000 abonnés dans l'Hexagone représentant 7% des entrées. Le Pass Gaumont-Pathé est l'une des cartes d'abonnement les plus populaires et permet l'entrée illimitée dans plus de 100 cinémas pour un prix forfaitaire modeste mensuel.

Le Pass vous donne la garantie de voir les films qui font l'actualité du cinéma. Dès que vous vous y abonnez, vous profitez immédiatement des avantages d'un programme de fidélité avec des offres privilégiées supplémentaires:

— des invitations à des avant-premières

— des événements culturels.

— des réductions pour des spectacles

— des tarifs préférentiels sur les retransmissions.

L'abonnement au Pass peut se faire en ligne en quelques clics. Remplissez le formulaire d'inscription et choisissez votre mode de règlement: par prélèvement automatique mensuel ou par chèque et vous recevrez votre Pass directement chez vous, sous 15 jours.

4 Answers will vary.

5 Answers will vary.

6.3 B: Le cinéma: une passion nationale (pp120–121)

1a Lisez le texte et complétez chaque phrase en choisissant dans la liste en bas.

1 rencontre   4 talent

2 réussite   5 de l'aide

3 privées

1b Choisissez la bonne réponse pour compléter les phrases.

1a 2b 3c 4c 5c

1c Traduisez en français.

Suggested answer

Un festival de film peut représenter un des moments clefs pour un film. La projection d'un film à Cannes, par exemple, est une opportunité de promouvoir un film globalement / dans le monde entier puisque le festival est si / tant médiatisé chaque année. Pendant douze jours au mois de mai / en mai, des centaines de réalisateurs / metteurs en scène / cinéastes, producteurs et artistes se rassemblent / se réunissent pour / afin de célébrer / fêter le cinéma en espérant gagner une Palme d'or prestigieuse.

2 Écoutez ce reportage. Faites le résumé en 70 mots environ.

Transcript

Aujourd'hui, Agnès Varda se voit remettre une distinction suprême: une Palme d'or d'honneur au 68e Festival de Cannes.

Cette femme metteur en scène touche-à-tout vient gonfler les rangs de ces lauréats d'exception qui comptent d'aussi grands noms que Woody Allen (2002), Clint Eastwood (2009) ou Bernardo Bertolucci (2011). Le

Festival de Cannes rend ainsi hommage à la réalisatrice de *Cléo de 5 à 7* et *Jacquot de Nantes et Varda devient* la première femme réalisatrice à recevoir ce précieux trophée qui en 1975 est devenu le symbole durable du festival.

La Palme d'or du meilleur long-métrage, le dernier trophée de la compétition officielle à être proclamé au festival, a été attribuée cette année à Jacques Audiard pour son film *Dheepan*.

3 Answers will vary.

4 Answers will vary.

Résumé: Démontrez ce que vous avez appris! (p122)

1 Reliez les expressions 1–10 aux explications a–j

1 e 2 h 3 a 4 f 5 b 6 i 7 g 8 d 9 j 10 c

2 Reliez le début et la fin des phrases.

1 f 2 i 3 b 4 c 5 g 6 h 7 a 8 d 9 j 10 e

3 Traduisez en français.

> **Suggested answers**
>
> 1 Si on visitait la Cinémathèque pendant que nous sommes à Paris?
>
> 2 Mon ami / copain m'a dit qu'il était allé au Futuroscope pendant les vacances.
>
> 3 Après être arrivé(e) au cinéma, j'ai tout de suite souscrit à un abonnement mensuel.
>
> 4 Nous serions bien allés voir un film en 3D mais ils donnent toujours à la mal de tête à mon père.
>
> 5 Si le jury y est favorable, le réalisateur de ce film gagnera une Palme d'or.
>
> 6 Les chiffres de fréquentation du cinéma parmi les jeunes adultes continuent à augmenter chaque année / annuellement.
>
> 7 Les avancements technologiques ont réussi à améliorer la qualité des films.
>
> 8 La sortie de beaucoup de longs métrages est précédée par une bande annonce captivante / passionnante afin / pour que le film puisse capter l'intérêt d'un grand nombre de gens / personnes.

4 Écoutez cinq personnes qui parlent du « cinéma à domicile » et complétez les phrases en essayant d'utiliser vos propres mots.

> **Suggested answers**
>
> 1 Grâce aux nouvelles technologies, il est facile d'installer un cinéma à domicile / chez vous.
>
> 2 L'Internet offre une grande quantité de films sur demande qu'on peut télécharger.
>
> 3 Pour une famille il est beaucoup moins cher de rester à la maison que d'aller au cinéma.
>
> 4 Pour voir les films récemment sortis il faut quand même aller au cinéma.
>
> 5 À la maison vous manquez les effets spéciaux qui sont meilleurs sur un écran plus grand (avec un système sonore qui est aussi meilleur).

Transcript

— Je ne vais au ciné que rarement. La nouvelle technologie a favorisé l'installation d'un cinéma chez moi avec un large écran plat, des images en haute définition et un lecteur DVD-disque Blu-ray dernier cri.

— Je préfère rester chez moi. J'ai tout ce qu'il faut avec la grande quantité de films sur demande disponible sur Internet. Je peux télécharger les films et ensuite les transférer vers l'équipement de mon salon.

— Avec le cinéma sur demande qui donne l'occasion de voir un film quand on veut sans quitter la maison – pourquoi donc acheter un billet d'entrée à un prix exorbitant, surtout si on sort en famille? Rester à la maison est beaucoup moins cher.

— Mais quand même, si on veut regarder les films qui viennent de sortir et qui font l'actualité, il faut se rendre au cinéma, n'est-ce pas?

— En plus, à la maison, vous manquez les effets spéciaux qui sont multipliés maintes fois sur un écran qui est beaucoup plus grand avec un système sonore de meilleure qualité.

5 Answers will vary.

Résumé: Testez-vous! (pp123–125)

1a Lisez le texte. Notez les quatre phrases vraies.

The four true statements are: 3, 4, 7, 8

1b Écrivez vos réponses aux questions en français en essayant d'utiliser vos propres mots. Il n'est pas toujours nécessaire de faire des phrases complètes.

Suggested answers

1 Sept ans ont passé.

2 Le réalisateur est autrichien. Les acteurs sont français.

3 Il démontre que les films français possèdent un dynamisme indéniable.

4 Les films sont un thriller, une analyse sociale et une comédie de mœurs.

5 Parce qu'il n'y avait qu'un ressortissant français au jury.

2a L'institut Odoxa a interrogé en ligne un échantillon de 999 individus représentatifs de la population française, âgées de 18 ans et plus. Écoutez le reportage. Complétez les blancs en choisissant les bons mots de la case.

1 le weekend   4 l'influence

2 élitiste   5 superficiel

3 une bonne opinion   6 gâché

2b Réécoutez le reportage. Écrivez en français un paragraphe de 70 mots maximum où vous résumerez ce que vous avez compris selon les points suivants. Écrivez des phrases complètes.

Transcript

L'institut Odoxa a interrogé en ligne un échantillon de 999 individus représentatif de la population française, âgée de 18 ans et plus.

La magie du Festival de Cannes s'estompe selon un sondage Odoxa fait pour Le Parisien et Aujourd'hui, et publié dimanche. Magique pour les acteurs, le Festival de Cannes ne l'est pas autant pour les spectateurs. Une très forte majorité l'estime inaccessible et élitiste. Même si 56% des Français ont une bonne opinion du Festival, il y en a beaucoup qui affirment que cet événement ne les fait plus rêver. Sept personnes interrogées sur dix reconnaissent cependant que le Festival augmente l'influence de la France dans le monde. Le plus grand festival de cinéma demeure toujours spectaculaire, mémorable et ouvert sur le monde, mais 77% de ceux qui participaient à notre sondage estiment quand même qu'il est superficiel et 64% d'entre eux pensent, en plus, que l'argent public y est largement gâché.

3 Regardez les statistiques à droite. Pour chaque phrase, écrivez V (vrai), F (faux) ou ND (information non-donnée).

1 V 2 V 3 F 4 F 5 ND 6 F 7 V 8 F

4 Traduisez en anglais.

Suggested answer

The National Centre for Cinema and the Moving Image (CNC) collects a tax on box office receipts (11% of the ticket price) as well as a tax on DVD sales (25% of the sales price). It then / subsequently redistributes this money to producers. The money is used to promote young directors by means of an 'advance on receipts'. The assistance of the CNC represents 15% of the average budget of a film, divided between payments (for actors, scriptwriters, directors and technicians), film-making costs (including sets and costumes) and technical costs.

5 Answers will vary.

6a Lisez le texte « La soirée des Césars ». Pour chaque phrase, écrivez V (vrai), F (faux) ou ND (information non-donnée).

1 V 2 F 3 V 4 F 5 V 6 ND 7 ND 8 F

6b Answers will vary.

Dossier cinéma et littérature

1 Dossier Cinéma A: l'étude d'un film (pp128–129)

1 Lisez le texte « Le cinéma est un spectacle… » et répondez aux questions en français en essayant d'utiliser vos propres mots.

Suggested answers

1 On devient spectateur actif / on apprend (et comprend) les techniques cinématographiques qui approfondissent le plaisir de regarder un film.

2 On comprend mieux la représentation de la réalité dans le film.

3 *Any three of*: On peut étudier la narration, le récit, les focalisations, la combinaison du son et de l'image, le développement des personnages, les contrastes entre les personnages, les techniques cinématographiques.

4 Les techniques renforcent les thèmes, soulignent les attitudes, font passer les messages du réalisateur et font réagir les spectateurs.

5 Étudier un film veut dire s'engager avec le film et répondre à ce qu'on voit en faisant un commentaire et en justifiant la réponse.

2 Notez l'équivalent anglais des éléments à analyser dans l'étude d'un film.

1 storyline
2 character development
3 motivation of the protagonists
4 dialogue
5 soundtrack
6 colour palette
7 costumes
8 cinematographic techniques
9 social context
10 main theme

3 Answers will vary.

4 À l'écrit. Répondez aux questions en français en essayant d'utiliser vos propres mots.

Suggested answers

1 La musique crée une ambiance, souligne les actions / renforce l'impact des actions, propose un thème, et peut signifier la présence ou l'absence d'un protagoniste.

2 un travelling

3 Une nuit américaine permet de tourner / filmer pendant la journée des scènes qui se passent la nuit ou dans l'obscurité.

4 un gros plan (du visage)

5 Un plan général localise l'action / la scène.

6 un plan subjectif

7 une contre-plongée

8 Un champ-contrechamp montre les protagonistes qui parlent et / ou leurs réactions à ce qu'ils entendent pendant une conversation.

5 Answers will vary.

6 Answers will vary.

7 Reliez les personnes et les définitions.

1c 2d 3b 4f 5e 6a

8 Answers will vary.

1 Dossier Cinéma B: *La Haine* (pp130–131)

1a Lisez et complétez le texte avec les mots de la liste.

1 salles
2 casquette
3 jours
4 d'autrefois
5 admet
6 convaincre
7 mort
8 commissariat
9 personne
10 façon

1b Traduisez le texte en anglais.

> **Suggested answer**
>
> On 31 May 1995, *La Haine* was released / came out at the cinema. Twenty years later, wearing an American cap, T-shirt and trainers and with a few days' worth of stubble, it is difficult to recognise Mathieu Kassovitz, the young man of days gone by / the past. Always annoyed and at times / sometimes annoying, Kassovitz admits to having been really enraged / fiercely determined in 1995… to speak, to demonstrate and to convince.
>
> After Makomé's death in a police station in the 18th district in Paris, Kassovitz thought there would be five or six films on this subject / about it. There was nothing, and no-one was surprised. It was Makomé's murder that started it all. Kassovitz wondered how a guy could get up in the morning and die in the evening in this manner / way.

2 Voici une liste des mots clefs pour parler du scénario de *La Haine*. Trouvez les équivalents français / anglais.

une bavure	*mistake*
une émeute	*riot*
la chute	*fall*
un revolver	*gun*
la banlieue	*suburb*
un flic	*cop*
un cocktail Molotov	*petrol bomb*
le toit	*rooftop*
un juif	*Jew*
un skin	*skinhead*
une manifestation	*demonstration*
les espaces vides	*empty spaces*
un maghrébin	*North African*
la revanche	*revenge*
la fracture sociale	*social inequality*
les bâtiments à l'abandon	*abandoned buildings*
un africain noir	*black African*
la cité	*housing estate*
l'atterrissage	*landing*
un immeuble	*apartment block*

3 to **9** Answers will vary.

2 Dossier Littérature A: l'étude d'un texte littéraire (pp132–133)

1a Lisez le texte et répondez aux questions en français en utilisant vos propres mots.

> **Suggested answers**
>
> 1   des aspects de la culture française
> 2   un manque de profondeur
> 3   La littérature nous permet de nous voir de la façon dont les autres nous voient.
> 4   Comme un miroir, la littérature nous révèle à nous-mêmes.
> 5   Elle nous permet de découvrir la culture des autres.

1b Traduisez le deuxième paragraphe du texte en anglais.

> **Suggested answer**
>
> Literature helps us to see ourselves as others see us. It's a tool for self-examination. We can see our own personality and behaviour / habits in those of the characters in the text. Literature can work like a mirror, showing us to ourselves. Literature makes the readers test their simplistic (pre)conceptions by exploring greater ethical complexity. It also allows us to develop empathy for those who are not like us, and to discover others' cultures and beliefs at first hand, that is to say from within.

2 Notez l'équivalent en anglais des éléments à analyser et à considérer dans l'étude d'un livre ou d'une pièce de théâtre.

> **Suggested answers**
>
> 1   the main / major character, the hero / heroine
> 2   the plot
> 3   the development of the characters
> 4   the motivation of the main characters
> 5   the dialogue
> 6   the tone / style
> 7   the recurring ideas / themes / elements
> 8   the symbols / symbolism
> 9   the language
> 10 the literary techniques / devices
> 11 the social context
> 12 the main theme / topic
> 13 the minor / secondary / subsidiary characters
> 14 the structure

3 À l'écrit. Choisissez un livre que vous avez lu récemment et faites-en une critique. Écrivez environ 250 mots.

Answers will vary.

4 Liez les éléments à leurs définitions.

1 l   2 g   3 i   4 c   5 j   6 h   7 f   8 d   9 k   10 b   11 a   12 e

5 Answers will vary.

6 Answers will vary.

7 Reliez les personnes et les définitions.

1 c   2 e   3 b   4 f   5 d   6 a

2 Dossier Littérature B: *L'Étranger* (pp134–135)

1 Répondez aux questions en français en essayant d'utiliser vos propres mots.

> **Suggested answers**
>
> 1   La vie n'a pas de sens rationnel ni rédempteur.
> 2   Confrontés par les horreurs du régime nazi d'Hitler et le massacre pendant la Deuxième Guerre mondiale, ils ne pouvaient plus accepter qu'il y ait un but ou un sens perceptible dans l'existence humaine.
> 3   Meursault est un jeune homme amoral et émotionnellement détaché, qui ne croit pas en Dieu.
> 4   Camus avait foi en la dignité humaine.
> 5   Il considérait que l'univers était froid et indifférent.

2 Traduisez en anglais le dernier paragraphe du texte.

> **Suggested answer**
>
> The philosophy of the absurd implies that the moral order has no rational or natural foundation. Yet Camus did not approach his world with moral indifference, and he believed that the lack of a purpose in life should not necessarily lead to despair. On the contrary, Camus was an enduring humanist, known for his belief in the dignity of man confronted by what the author considered (to be) a cold and indifferent universe.

3 Voici une liste des mots clefs pour parler de *L'étranger*. Trouvez les équivalents français / anglais.

l'enterrement	burial
les funérailles	funeral
l'asile	asylum
le deuil	bereavement
le chagrin	grief
la maîtresse	mistress
le témoin	witness
l'avocat	lawyer
le cabanon	beach hut
le voisin de palier	neighbour
le procès	trial
le juge d'instruction	magistrate
l'accusé	the accused
la bagarre	brawl
la chaleur	heat
le couteau	knife
les coups de feu	gunshots
le tribunal	court
le meurtre	murder
le comportement	behaviour
le procureur	prosecutor
les plaidoiries	legal arguments
la colère	anger
l'aumônier	chaplain
la cellule	cell

4 to **9**   Answers will vary.

10 Traduisez en anglais ce texte qui parle de la vie d'Albert Camus.

> **Suggested answer**
>
> Albert Camus was born in 1913 in Algeria. He never knew his father, who died in the Great War, in the Marne. Camus's mother, of Spanish origin, was partially deaf and almost illiterate. To raise her two children, she settled in a poor neighbourhood of Algiers and worked as a cleaner. The little money she earned, she gave to her own mother, who was the pillar of the family and who brought up the children by means of beatings / by whipping them. Scarred by this disadvantaged environment, Camus bestowed all his affection upon his mother, but conversation with her was almost non-existent, as she was not very talkative and (was) exhausted / worn out by her work. We can see all Camus's future literary work as an attempt to fill this void, this absence, this love (that was) never expressed in words.

11 Answers will vary.

12 Answers will vary.

3 Writing an essay about a film or a literary text (pp136–138)

Questions

A: *L'étranger*

Analysez les rapports de Meursault avec les autres personnages.

There is one grammatical error and one spelling error:

- 'Dans **ce** dissertation' should be 'Dans **cette** dissertation'
- 'charactère' should be 'caractère'.

Although the statement of intent is clear, this introduction doesn't mention the title of the novel, doesn't tell us who the protagonist is or say anything about his essential character. The writer of this introduction shows no evidence of personal engagement – there are no opinions or phrases such as *à mon avis, d'après moi, pour moi, je considère que…*

B: *La Haine*

« Le titre du film *La Haine* est bien choisi car il reflète exactement le thème principal du film. » Dans quelle mesure êtes-vous d'accord avec ce jugement?

There are three grammatical errors:

- 'la finale scène' should be 'la scène finale'
- '**la** point culminant' should be '**le** point culminant'
- 'le moment qui **justifier**' should be 'le moment qui **justifie**'.

The response needs to be more closely tied to the question, with a clearer link to the 'main theme of the film' as stated in the question (*la haine*). The response is quite vague, e.g. it doesn't tell us what happens in the final scene, and doesn't explain why it is the *point culminant* or how specifically it exemplifies the theme of hatred.

Writing practice

Answers will vary.

Further writing practice

1 Answers will vary.

2 Answers will vary.